패시브 인컴

패시브 인컴

초판 1쇄 · 2019년 7월 30일

지은이 · 최재용·양성길·박인섭·서의택
제 작 · ㈜봄봄미디어
펴낸곳 · 봄봄스토리
등 록 · 2015년 9월 17일(No. 2015-000297호)
전 화 · 070-7740-2001
이메일 · bombomstory@daum.net

ISBN 979-11-89090-10-4(03320)
값 16,000원

PASSIVE INCOME
패시브 인컴

최재용 · 양성길 · 박인섭 · 서의택 지음

봄봄
스토리

C O N T E N T S

◈ 시작하는 글 · 7

◈ 서론 | 패시브 인컴이란? · 10

◈ 패시브 인컴 비즈니스 종류

CHAPTER 01
온라인 수입

01	유튜브 영상 만들기	19
02	팟캐스트 만들기	29
03	블로그	37
04	SNS 인플루언서	45
05	거래 뉴스레터 발송	54
06	동영상 및 TV 시청	60
07	온라인 상담	64
08	온라인 설문조사	73
09	제휴 마케팅	81
10	드랍쉬핑	90
11	신용카드 캐시백 보상	100

CHAPTER 02
콘텐츠 수입

12	애플리케이션 구축	108
13	워드프레스 테마 개발	117
14	아이디어 빌려주고 사용료 받기	121
15	사진 찍어 로열티 받기	126
16	온라인 경매	134
17	가상화폐	142
18	상품 거래	150
19	도메인 네임 거래	157
20	리츠–부동산 펀드	169
21	배당금 투자	177
22	수익 예금 가입	181

CHAPTER 03
임대 수입

23	자동차 빌려주기	186
24	의상 빌려주기	189
25	자전거 빌려주기	192
26	주차장 빌려주기	195
27	창고 임대	198
28	에어비앤비로 미사용 공간 임대	202
29	고가의 장비 구입 및 대여	209

CHAPTER 04
네트워크 수입

| 30 | 네트워크 마케팅 | 217 |

 맺음말 · 226

시작하는 글

인류 역사의 발전과 함께 노동방식과 산업 구조 또한 고도화되고 진화되어 왔다. 현대에 이르러서는 국가라는 공간을 초월하여 전 세계적인 경제 전쟁이 일반화되는 상황이다. 그 과정에서 새로운 강자에 의해 기존의 강자는 소리없이 도태되고 있다. 새로운 방식으로 무장한 기업들이 빠르게 등장하고 있으며, 경쟁력을 잃은 기업들은 역사 속으로 사라지고 있다. 즉, 단절되고 보호되었던 지역간, 산업간의 경쟁의 벽이 허물어지고 게임의 룰이 바뀌고 있는 것이다. 그러면 미래의 성공패턴은 무엇으로 대체될 것인가.

파레토 법칙에 따르면 상위 20퍼센트가 전체의 80퍼센트의 부를 가진다고 한다. 지금까지는 일정부분 유효한 경제법칙이었다. 하지만 부의 쏠림은 더욱 심각해지고 있다. 국제구호개발기구의 최근 발표에 따르면, 지구상의 가장 성공한 26명의 재산이 전 지구의 재산 중 절반을 차지한다고 한다. 전 세계에 걸친 '빈익빈 부익부' 현상은 점점 더 심해진 것으로 나타났다.

현재 지구상에서 세계 최고 갑부는 바로 아마존의 최고경영자인 제프 베이조스다. 자수성가한 그는 약 152조 원의 재산을 보유한 것으로 알려졌다. 2018년 한 해 동안 전 세계 억만장자 숫자는 165명이 늘어났다고 한다. 즉, 이틀에 한 명꼴로 억만장자가 생겨난 셈이다. 국내에서도 금융소득 기준 10억 원의 부자들이 매년 3만 명씩 생겨난다고 한다.

그러면 그들은 어떻게 부자가 되었을까? 단지 성실하고 열심히 땀 흘리는 것만으로 억만장자가 될 수 있었을까? 전혀 그렇지 않다. 그들은 돈이 저절로 벌리는 새로운 방식인 '패시브 인컴' 시스템의 기치를 알고 실천한 선각자였다. 그리하여 창업한 당대에 상상을 초월하는 억만장자의 반열에 오른 것이다. 다시 말해, 그들은 사람들이 필요로 하는 것을 미리 파악하고 시스템을 만들어 길목을 지켰다. 그리고 저절로 돈이 벌리게 하는데 본능적 감각과 능력을 갖춘 선각자들이다.

우리 모두가 그러한 억만장자의 예지력과 실천적 도전의식을 갖추고 성공하는 것은 쉽지 않다. 하지만 방법이 없지 않다. 바로 돈이 저절로 벌리는 패시브 인컴 시스템의 가치를 인식하고 방법을 찾아 하나씩 실천해 가는 것이다. 그리하여 경제적 자유를 얻고 행복한 삶을 어렵지 않게 달성할 수 있다.

본문에서 제시하는 30가지의 패시브 인컴의 사례들은 그리 신선하거나 충격적이지는 않다. 이미 선지자들에 의해 선점당해서 우리가 비집고 들어갈 틈이 없는 레드오션일 수도 있다. 하지만 패시브 인컴의 의미를 파악하고 새로운 사업의 기회를 파악하는 모델로서 충분히 의미가 있을 것이다.

더 나아가 현재는 없지만 패시브 인컴의 새로운 모델을 찾는데 의미 있는 시사점을 줄 것으로 기대한다. 이 책을 통해 독자들이 영감을 얻고 새로운 패시브 인컴의 모델을 찾아 성공하기를 진심으로 기원한다.

대표저자 최 재 용

패시브 인컴이란?

직장생활이나 아르바이트를 하면서 노동을 통해 그 보상으로 들어오는 돈을 액티브 인컴이라고 하며, 일을 하지 않는데도 들어오는 소득이 패시브 인컴(passive income)이다.

패시브 인컴의 구체적 방식은 다양하다. 집 앞 잔디를 깎는 동안에도, 하와이에서 휴가를 즐기는 동안에도 자신은 돈을 벌고 있는 것이다. 쉽게 말해, 패시브 인컴이란 열심히 일을 하든 안 하든 자신의 은행 계좌로 들어오는 수동적 수입이다. 임대 소득은 패시브 인컴의 가장 일반적인 예시 중 하나다. 자신은 땅을 조금 가지고 있고, 이를 월 100만 원에 농부에게 임대하고 있다고 하자. 그 땅에 어떤 공을 들이든 안 들이든, 자신은 매달 100만 원의 수익을 거두게 될 것이다.

패시브 인컴은 문명의 시작과 함께 계속해서 존재해왔다. 부족민들이 족장에게 바친 공물도 성격상 패시브 인컴으로 간주할 수 있다. 족장 스스로 노력해서 얻은 생산물이나 재화가 아니기 때문이다. 추수기가 끝날 때마다 그저 받기만 하면 된다. 다시 말해, 패시브 인컴이란 개념은 수 세기 동안 존재해왔다.

하지만 시대에 따라 이 개념은 진화해왔다. 경제 활동이 패시브 인컴을 창출하는 수십 가지의 다른 방식을 만들어냈다. 예를 들면, 현대의 기술적 혁신은 온라인 경제를 창조했고 이로 인해 사람들은 상당한 양의 패시브 인컴을 벌어들이고 있다. 누구든 웹 사이틀 개설하고 네이버나 다음에 가입한 후 쇼핑몰에 상품을 홍보하여 판매 수수료를 챙길 수 있다. 이 수수료가 바로 패시브 인컴이 된다.

패시브 인컴은 왜 중요한가?

열정을 가진 일에 매진하면서도 어느 정도의 경제적 자유를 얻을 수 있다는 점에서 패시브 인컴은 매우 중요하다. 예를 들어, 대안적 수입원이 있다면 바다에 서핑하러 가든, 등산을 가든, 혹은 사랑하는 사람들과 뜻깊은 시간을 보내든, 자신이 좋아하는 일에 더 많은 시간을 쓸 여유가 생긴다. 매일 일을 하지 않아도 돈을 벌 수 있다. 물론, 패시브 인컴의 중요성은 자신이 어떤 사람인지 그리고 그것을 추구함에 있어 자신이 무엇을 목표로 하는지에 따라 달라진다.

하지만 여기서 핵심은, 패시브 인컴은 일을 적게 하면서도 꽤 괜찮은 소득을 올릴 기회를 스스로에게 제공해준다는 것이다. 처음 시작할 땐 품이 들지만 비즈니스가 자리 잡고 소득 흐름이 증가하면서 차차 부담이 덜해질 것이다. 이게 바로 패시브 인컴의 장점이다. 자신이 올바른 방식으로 일을 하고 올바른 전략으로 사업 규모를 키워나간다면 시간이 지남에 따라 점점 더 쉬워질 것이다. 어제 해놓은 작업이 향후 며칠, 몇 주, 몇 달, 심지어 몇 년까지 자신에게 지속적으로 이익을 가져다 줄 것이다. 온라인상의 콘텐츠 기반 비즈니스를 운영하고 있다면 더더욱 그러할 것이다.

따라서 패시브 인컴은 최소한의 수고를 들이고 괜찮은 대안적 수입원을 찾고 있는 사람은 물론, 평범한 직장에서 얻는 수입을 보충하고자 하는 사람에게, 열정을 갖는 일에 더 많은 시간을 할애하고자 하는 사람에게, 그리고 본업으로 얻는 수입을 완전히 대체할 수 있는 잠재력을 지닌 비즈니스를 구축하고자 하는 사람에게 중요한 수입원이 된다.

또한 좋은 패시브 인컴 기반을 가지고 있다면 자신은 현 직장에 덜 의존하게 될 것이다. 어떠한 이유로 직장을 잃게 된다 해도 소득을 올릴 수 있는 다른 방법, 기존 수입을 대체할 수 있게 언제든 규모를 키울 수 있는 방법이 있다는 사실에 마음의 평정을 유지할 것이다. 이는 경기침체와 그에 따른 실직과 같은 경제상황뿐만 아니라 자신의 상사에 좌지우지당하지 않아도 된다는 걸 의미한다. 자신의 경제생활에 대한 통제권을 스스로 쥐게 되는 것이다.

성공하기 위한 마음가짐

패시브 인컴 창출에 성공하기 위해 필요한 가장 중요한 두 가지 미덕은 인내와 확고한 의지이다. 이 두 가지 미덕을 모두 갖추고 있다면, 성공을 달성하기 위해 요구되는 이상적인 마음가짐을 소유한 사람이다. 패시브 인컴을 창출하는 데 실패하는 대다수의 사람은 너무 쉽게 포기하거나 약간의 차질만 생겨도 좌절하기 때문에 실패하는 것이다. 오해하지 말자. 이 책은 결단코 빨리 부자가 되는 전략을 논하고 있는 것이 아니다. 만약 인내와 확고한 의지의 소유자가 아니라면, 훌륭한 패시브 인컴 수입원을 만들어 내는 데 애를 먹을 것이다.

패시브 인컴의 관점에서, 인내란 몇 주, 몇 달, 심지어 몇 년간 행동계획을 고수하는 걸 의미한다. 유의미한 투자수익을 거두기까지 시간이 걸린다는 것을 항상 기억해야 한다. 예를 들어, 광고와 제휴상품으로 수익을 올리는 블로그를 개설했다고 가정해보자. 그 블로그가 당장 수익을 발생시키리라 기대해선 안 된다. 블로그 하나가 구독자를 모으고 늘리는 데엔 시간이 걸린다. 때론 첫 몇 달 동안 수익이 전혀 발생하지 않을 수도 있다. 인내와 확고한 의지가 없다면, 쉽게 좌절하고 포기하게 될 것이다.

성공과 실패에 대한 책임

패시브 인컴을 창출하는 과정에서 자신은 이러저러한 기복과 부침을 경험할 것이다. 이때 실패를 인정하고 받아들여야만 실수로부터 뭔가를 배울 수 있다. 문제를 해결할 책임이 자신에게 있다는 사실을 받아들인다면 더 쉽게 해결책을 찾을 수 있다. 알다시피, 야심찬 온라인 기업가들이 실패하는 가장 흔한 이유 중 하나가 바로 일이 제대로 풀리지 않을 때 하는 책임 공방이다. 그들은 자신을 뺀 나머지 모두를 비난한다. 스스로 고용한 프리랜스 작가를 비난하고, SNS 홍보를 담당하는 마케터를 비난하고, 자신의 직원들을 비난한다. 사실상 실패를 야기한 문제의 해결책을 찾기보단 책임을 떠넘길 누군가를 찾는 데 더 많은 시간을 쓴다.

간단히 말하자면, 성공과 실패는 함께 찾아온다. 초보자들에겐 성공보다 실패가 더 흔하게 발생한다. 관건은 그 실패를 어떻게 다루느냐이다. 실패로 좌절할 것인가? 다음 기회에 더 영리하게 대처할 수 있도록 실패로부터 교훈을 얻을 것인가? 내 경험에 의하면, 결연한 의지의 성공한 기업가들은 후자의 경우를 따른다. 우리도 그래야 한다.

많은 비즈니스 기회 중 어떤 것이 자신에게 가장 알맞을 것인지, 또 어떤 것은 피해야 하는지 알게 해줄 이 책을 가까이 둔다면 강력한 수단과 유리한 출발점을 점하게 될 것이다. 하지만, 학습 기간을 한층 더 단축하고 실수를 줄이길 원한다면 자신이 노력하고 있는 분야에서 이미 성공한 사람을 멘토로 두고 함께 일하길 조언한다.

풍요의 사고방식을 갖춰라

풍요의 사고방식을 갖춘다는 것은 패시브 인컴을 창출하는 과정에서 발생하는 이러저러한 일들 중에서 긍정적인 부분에 집중하고 낙관적인 마음가짐을 유지하는 것을 말한다. 자신이 행하는 모든 것은 패시브 인컴의 기반을 닦기 위한 여정을 처음 시작할 때 마음에 품은 그 풍요를 성취하는 데 맞춰져야 한다. 이러한 마음가짐을 유지한다면 자신의 노력을 가장 중요한 목표에 집중시킬 수 있을 것이다.

풍요의 사고방식에는 실패를 다루고 그것으로부터 교훈을 얻는 것 또한 포함된다. 대부분의 경우 이는 약점을 강점으로 바꾸는 과정이어야 한다. 첫 몇주 동안 상품 판매에 실패했다면? 이 정도야 거의 누구나 겪는 일이니 너무 신경쓰지 말아라. 영리한 기업가라면 자신이 했던 일과 하지 않았던 일을 되돌아보고 열정을 새로이 하여 거기서부터 다시 시작할 것이다. 같은 실수를 반복하지 않겠다고 다짐과 함께!

행동계획을 수립하라

목표 설정 및 계획 수립은 패시브 인컴을 얻기 위한 여정을 시작하기 전 자신이 해야 하는 가장 중요한 두 가지다. 목표 설정 시, 단기적, 장기적 목표 둘 다 정해야 한다. 목표에 상응하는 시간표도 작성해야 한다. 예를 들어, 목표를 달성을 위해 노력한지 6개월 된 시점에 자신은 어디쯤 가 있을까? 목표를 설정한 후, 그것을 어떻게 이룰 것인지 계획을 짜야 한다. 이를 '기본 계획' 또는 '상세 계획' 어느 쪽으로 불러도 무방하다. 중요한 것은 이 계획은 목표를 달성하기 위한 과정에서 자신이 실천할 행동강령을 담고 있어야 한다는 것이다.

요점을 되풀이하자면, 사업을 오래 지속하길 원한다면 스스로 인내와 확고한 의지를 갖춰야 한다. 인내하고 의지를 확고히 한다는 것은 성공뿐 아니라 실패도 인정하고 받아들여야 한다는 걸 의미한다. 실패로부터 배우고 같은 실수를 반복하지 않는 것은 자신의 책임 영역이다. 실패와 실수를 제대로 다루기 위해, 자신은 풍요의 사고방식을 갖춰야 한다. 풍요의 사고방식은 자신이 실패로부터 가능한 많은 걸 얻을 수 있게 도와 줄 것이다. 또한 약점을 강점으로 전환하는 데 힘이 되어줄 것이다. 마지막으로, 반드시 항상 행동강령에 따라 움직여라. 목표 설정과 그것을 달성하기 위한 세부 계획이 없다면 스스로 앞이 깜깜한 상태로 무작정 일에 뛰어드는 것이나 마찬가지다. 따라서 무언가를 시작하기 전 목표를 정하고 행동 계획을 작성하라.

패시브 인컴
비즈니스 종류

Chapter **1** 온라인 수입

Chapter **2** 콘텐츠 수입

Chapter **3** 임대 수입

Chapter **4** 네트워크 수입

C H A P T E R

01

온라인 수입

01 유튜브 영상 만들기

02 팟캐스트 만들기

03 블로그

04 SNS 인플루언서

05 거래 뉴스레터 발송

06 동영상 및 TV 시청

07 온라인 상담

08 온라인 설문조사

09 제휴 마케팅

10 드랍쉬핑

11 신용카드 캐시백 보상

01

유튜브 영상 만들기

만약 영상 공유 웹 사이트에서 구독자의 관심을 끌 만한 독특한 목소리와 독특한 콘텐츠를 가지고 있다면 유튜브는 훌륭한 패시브 수입원이 될 수 있다. 영상이 사이트에 계속 업로드 되어 있는 한 지속적으로 수입이 발생하기 때문에 유튜브 콘텐츠로 버는 돈은 패시브 인컴이다. 자신이 업로드한 유튜브 영상을 수익화하는 방법은 세 가지가 있다.

첫째, 구글 애드센스(Google Adsense)에 등록한다. 둘째, 영상에서 직접 제품이나 서비스를 홍보한다. 셋째, 영상 설명 란에 상품 홍보 내용을 기입한다. 원한다면 세 가지 수익화 방법을 모두 사용할 수 있다.

유튜브 채널 개설은 무료이며 쉽다. 하지만 패시브 수입원으로 만들기 원한다면 비즈니스처럼 접근해야 한다. 즉, 연구조사한 후 나만의 채널에서 어떤 종류의 주제와 내용을 다룰지 결정해야 한다. 채널의 장르 또한 결정해야 한다. 리뷰 영상, 언박싱(구매한 제품의 포장을 뜯어 하나하나 소개하는 것) 영상, 개그 영상, 과학 영상, 학습 영상 등 여러 장르가 있는데 이들 중 어떤 걸 택할 것인지 정해야 한다.

또한 영상을 수익화하기 전 구독자 층을 구축해야 한다. 이것은 시간이 걸리는 일이기 때문에 장기적인 목표를 세워야 한다. 영상 몇 개 올리고나면 채널로 사람들이 모여들 거라는 성급한 기대는 하지 마라. 때로 사람들의 관심을 마침내 끌어내는 데 성공하기까지 수십 개의 양질의 영상이 필요한 경우도 있다.

기준별 평가

A. 단순성

영상 촬영과 편집은 많은 시간과 수고를 필요로 한다. 특히 영상 편집에 능숙하지 않다면 더더욱 그렇다. 시간이 지날수록 점차 익숙해지지만 영상의 질을 유지하기 위해선 여전히 노력이 필요하다. 하지만, 영상 편집은 숙련된 프리랜서에게 위탁할 수 있다. 이렇게 하면 내가 가장 잘 하는 일, 즉 양질의 영상을 촬영하기 위한 시간을 충분히 확보할 수 있다.

★★★★★★★☆☆☆☆

B. 수동성

영상을 많이 보유하고 있다면 이것으로 상당한 액수의 패시브 인컴을 창출할 수 있다. 이 비즈니스 모델의 특히 좋은 점은 광고가 활성화되어 있는 한, 수개월 혹은 수년 전 촬영하여 업로드한 영상으로 지속적인 수익을 창출할 수 있다는 것이다. ★★★★★★★★★☆

C. 확장성

더 좋은 품질의 콘텐츠를 제작할 뿐만 아니라 더 많은 영상을 제작하여 패시브 인컴의 규모를 키울 수 있다. 이는 간단한 숫자로 설명이 가능하다. 질을 포기하지 않고 결과물을 두 배로 늘린다면 수입 또한 잠재적으로 두 배 늘어날 수 있다. 게다가, 얼마나 많은 사람들이 내 영상을 볼지, 얼마나 많은 수입을 벌어들일 수 있을지에 한계가 없기 때문에 세상의 기회는 우리 모두에게 활짝 열려 있는 셈이다. ★★★★★★★★★☆

D. 경쟁력

경쟁의 정도는 선택한 분야에 따라 다르지만, 어떤 분야를 택하든 같은 주제에 대해 이야기하는 유튜버가 아주 많을 것이다.

★★★★☆☆☆☆☆☆

성공을 위한 조언

1. 한 분야에 집중하라. 가장 성공한 유튜브 채널을 들여다보면 대부분 특정한 한 분야에 집중하고 있다는 걸 알 수 있다. 영화에 대해 얘기하고 싶다면, 콘텐츠의 99%가 영화에 관한 것이어야 한다.

2. 제목, 검색어, 영상 설명은 명료하게, 요점 파악이 쉽도록 만들어라. 이것은 플랫폼 내에서 내 영상을 발견하게 만드는 중요한 방법이다. 제목과 검색어를 제대로 붙이면 나의 영상은 비슷한 주제나 관심사를 가진 다른 영상들과 함께 추천 영상으로 뜰 것이다.

3. 시청자들이 내 영상에 어떻게 반응하는지 파악하기 위해 분석하라. 유튜브는 스스로 활용할 수 있는 자체 분석 도구를 가지고 있다. 유튜브 분석 도구를 이용하여 시청자의 관심사항이 어떤 것인지, 그들이 어떤 의견을 내놓고 있는지, 그리고 자기의 채널에서 어떤 섹션이 시청자로부터 가장 많은 호응을 받고 있는지 등을 확인할 수 있다. 기본적으로, 반응이 가장 좋은 부분을 파악해서 그 부분을 강화해야 한다.

4. 페이스북, 트위터, 인스타그램 같은 다른 플랫폼에서도 자신의 콘텐츠로 연결되는 링크를 공유하라. 영상을 더 많이 공유할수록, 시청 수가 증가할 것이다.

5. 페이스북 같은 다른 영상 공유 웹 사이트에 유튜브 영상 티저(호기심을 자극하기 위해 공개하는 영상의 일부분)를 올려놔라. 예를 들면, 전체영상을 1분으로 축약 편집하여 페이스북에 게재하면 된다. 1분짜리 영상을 재밌게 본 사람들이라면 더 많은 분량을 보기 원할 것이고, 그들이 결국 유튜브 채널을 방문하여 전체영상을 보게 되는 것이다.

6. 나만의 영상에 눈길을 사로잡는 썸네일(내용을 간략히 알려주기 위해 축소하여 첨부하는 영상 사진)을 만들어 첨부하라. 많은 시청자가 썸네일만으로 영상의 내용을 예단하기 때문에 이것은 아주 효과적인 기술이다. 시선을 끄는 썸네일은 더 많은 시청 수로 이어진다.

7. 같은 분야의 유튜브 영상 제작자와 협업하라. 예를 들어, 영화 비평이

관심 분야라면 다른 영화 비평가와 함께 리뷰를 진행하는 영상을 만드는 것이다. 이런 식으로 서로의 영향력을 지렛대 삼아 구독자수를 늘릴 수 있다.

8. 유튜브 생방송을 시도해봐라. 많이 알고 있듯이 유튜브는 생방송 기능을 가지고 있다. 이것은 가장 열렬한 시청자들과 유대감을 형성할 수 있는 좋은 방법이다.

9. 시리즈 영상을 만들어라. 이는 책을 시리즈로 출간하는 것과 유사하다. 시리즈물을 제작하면, 다음 회차를 기다릴 수밖에 없으므로 콘텐츠에 대한 시청자들의 흥미를 높일 수 있다.

10. 영상물을 게시하는 일정을 엄수하라. 이렇게 해야 시청자들이 언제 다음 영상을 올릴지 알 수 있게 된다. 새로운 영상이 올라오지 않은 채로 몇 주가 지나면, 사람들은 구독을 취소하기 시작할 것이다.

자주 묻는 질문과 답

1. 정확히 어떤 방법으로 유튜브 영상을 수익화할 수 있을까?

여러 방법이 있지만 가장 일반적인 수익화 방법은 세 가지가 있다. 첫째, 구글 애드센스에 가입하여 자신의 영상에 활성화시켜라. 둘째, 영상 설명란에 제휴상품 홍보 내용을 기입하라. 셋째, 영상에 협찬을 해줄 브랜드와 업체를 모집하라.

2. 구글 애드센스란 무엇일까?

유튜브 영상으로 돈을 버는 사람 중 최소 70%는 구글 애드센스를 통해 수입을 올린다. 애드센스는 영상에 노출되는 광고를 조달해준다. 애드센스로 수익을 창출하기 위해 우선 지원서를 제출해야 한다. 지원서가 승인되면 유튜브 계정과 애드센스 계정을 연동시켜 영상에 광고를 활성화시킨다. 그러면 끝난다.

3. 브이로깅(v-logging)이란 무엇인가?

'비디오 블로깅(video blogging: 영상 블로깅)'의 줄임말이다. 유튜브를 이용하는 영상 블로거(blogger)가 급증하면서 대중화된 용어다. 블로깅(blogging)의 경우처럼 콘텐츠를 글로 작성하는 것이 아니라, 영상으로 제작하는 것이다.

4. 유튜브에서 제휴상품 등을 어떻게 판매할까?

두 가지 주요한 방법이 있다. 첫째, 리뷰의 형식이든 영상 주제와 관련된 상품을 추천하는 형식이든, 나의 영상에서 그에 대해 언급한다. 그 후 영상의 설명란에 시청자가 상품을 구매할 수 있게 링크를 걸어두면 된다. 둘째, 만드는 모든 영상의 설명 란에 본인 소유의 온라인 스토어 링크를 게재할 수 있다.

5. 유튜브 구독자는 어떻게 늘릴까?

유튜브 콘텐츠 제작자로서, 혹은 영상 블로거로서 성공 여부는 얼마나 많은 구독자를 확보하는지에 따라 판단된다. 그러므로 새로운 구독자를 확보하기 위해 상당한 시간과 자원을 써야 한다. 구독자를 모으는 가장 중요한 수단은 역시 콘텐츠의 질이다. 훌륭한 콘텐츠를 제작하는 것 뿐만 아니라, 영상 말미에 시청자에게 구독을 요청하고, 경연대회를 개최하고, 본인 채널을 광고하는 유튜브 광고를 구매하는 등 잘 알려진 여러 전략도 활용해야 한다.

6. 내 영상을 어떻게 유튜브 추천 영상에 올라오게 할 수 있을까?

유튜브 영상을 시청하면, 모니터 오른 쪽에 추천 영상 목록이 떠 있는 걸 볼 수 있다. 이 기능을 이용하여 나의 영상에 더 많은 시청자를 유도할 수 있다. 어떻게? 영상의 제목, 검색어, 설명을 올바르게 첨부해 놓으면 된다. 제주도에서 스쿠버다이빙하는 영상을 게시한다고 가정해보자. 이때 '스쿠버다이빙', '제주도', '바다', '모험', 혹은 '자연' 같은 명료한 제목과 검색어를 사용해야 한다. 그래야 같은 주제와 관심사를 포함하는 추천 영상에 내가 만든 영상이 함께 뜰 수 있다.

7. 유튜브로부터 저작권 침해 경고는 왜 받는 것일까?

유튜브의 콘텐츠 규제정책에 익숙하지 않은 입문자들이 많이 하는 질문이다. 일반적으로 내가 만든 영상에 저작권 등록된 자료는 사용할 수 없다. 사용한다면 아마 저작권 침해 경고를 받을 것이다. 경고가 여러 개 누적되면 유튜브는 일방적으로 계정을 종료시킬 수 있다. 그러므로 자신이 소유하지 않거나, 사용권이 없는 영상 클립, 이미지, 음악을 사용하는 것은 피해야 한다.

8. 유튜브 파트너 프로그램이란 무엇일까?

이는 유튜브 영상 블로거와 콘텐츠 제작자가 자신의 영상으로 수익을 창출할 수 있게 해주는 구글의 광고 프로그램이다. 이 프로그램을 이용하여 콘텐츠 제작자는 자신의 영상에 광고를 게재할 수 있다. 프로그램에 참여하기 전, 먼저 크리에이터 스튜디오(Creator Studio: 채널 관련 각종 통계, 동영상 관리, 구독자 정보, 실적 평가 등의 정보를 제공하는 유튜브 내 프로그램)의 계정을 통해 신청해야 한다.

9. 유튜브 파트너 프로그램의 자격 요건은 무엇인가?

2018년 초, 유튜브는 유튜브 파트너 프로그램의 참여 자격 요건을 변경했다. 개설한 채널이 요건에 부합하기 위해선, 최소 1,000명의 구독자가 필요하고 지난 12개월간의 시청 시간이 4,000시간에 도달해야 한다. 유튜브는 이 새로운 자격 요건이 스팸 발송자, 콘텐츠 명의 도용자 및 기타 악의적 사용자가 유튜브 생태계를 해치는 걸 막아주는 역할을 할 것이라고 설명했다.

10. 경고를 받은 영상이 있을 경우, 이를 바로 잡아 영상을 다시 수익화할 수 있는 방법이 있을까?

그렇다. 만약 업로드한 영상이 경고를 받은 경우 언제든 항의할 수 있다. 하지만 유튜브 정책 및 규정 중 어느 하나라도 위반한 사실이 분명하다면 재업로드는 불가능할 것이다. 영상 콘텐츠가 저작권 있는 자료를 전혀 사용하지 않았을 경우에만 항의가 효과적일 것이다.

유튜브 수익 창출에 관한 속설 파헤치기

1. **구독자를 확보하는 데 전문가적 지식이나 기술은 필요하지 않다.**
말 그대로 '전문가'가 될 필요는 없다. 하지만 세상과 공유할 수 있고, 그에 대한 의견을 제시할 수 있어야 한다. 또한 자신만의 독특한 해석을 더할 수 있는 무언가에 대한 지식을 갖추고 있어야 한다.

2. **첫 달에 수십만 원을 벌 수 있다.**
꾸준히 양질의 콘텐츠를 생산해내고 구독자를 확보해나가는 일은 시간이 걸린다. 이는 결단코 하루아침에 부자가 되는 방법은 아니다.

3. **유튜브 영상을 수익화하는 것은 쉽다.**
꼭 그렇진 않다. 시청자를 끌어 모아 지속적으로 구독하게 만들 수 있는 양질의 콘텐츠를 생산해내야 한다. 또한 유튜브 이용 약관을 준수해야 한다.

4. **유튜브 영상 협찬 업체를 확보하는 것은 쉽다.**
상당한 구독자수, 그리고 양질의 콘텐츠라는 강력한 협상카드가 있을 경우에만 쉽다. 이 협상카드를 손에 쥐고 있다면 나와 협력관계를 맺기 위해 업체들이 발 벗고 나설 것이다.

5. **페이스북이나 인스타그램 같은 다른 SNS 플랫폼에서의 성공이 유튜브의 성공으로 이어질 수 있다.**
항상 그렇지는 않다. 이러한 플랫폼 중 일부는 대상으로 하는 이용자층이 다르고 그곳의 이용자들 역시 다른 방식으로 정보를 소비한다.

6. **제품 리뷰 영상은 이미 한물 지났다.**

그 반대다. 이러한 영상의 인기는 여전히 증가하고 있다. 사람들은 항상 자신이 구매를 고려하고 있는 제품에 대해 더 많은 정보를 알아보길 원하고 있다. 그리고 대부분은 그러한 정보를 글이 아닌 영상을 통해 소비하고 싶어 한다.

7. **언박싱 영상은 더 이상 인기가 없다.**

위에서 언급한 제품 리뷰 영상과 마찬가지로, 이 또한 여전히 인기 있는 장르다.

8. **시청 수가 많아지면 수익도 증가한다.**

항상 그렇지는 않다.

9. **영상을 업로드하고 나면 수익은 알아서 굴러들어온다.**

구독자층을 구축하려면 시간과 꾸준함이 필요하다. 이 요건들이 필요한 만큼 충족되고 나면, 수익이 증가하는 걸 지켜보게 될 것이다.

10. **유튜브는 앞으로 협찬 받은 영상 게재를 금지할 것이다.**

페이스북과 마찬가지로, 유튜브 역시 광고 수익에 의존하고 있기 때문에 이 부분은 회의적이다. 유튜브가 자신들의 플랫폼을 수익화하는 더 유리한 방법을 찾아내지 않는 한, 협찬 받은 영상들이 갑자기 사라지지는 않을 것이다.

02

팟캐스트 만들기

사람들과 대화하는 걸 좋아한다면, 팟캐스트(Podcast) 제작이 안성맞춤일 것이다. 그런데 팟캐스트란 무엇일까? 간단히 설명하자면 팟캐스트란 온라인 라디오 방송이다. 하지만 팟캐스트와 기존의 라디오 방송 사이엔 현격한 차이가 있다.

첫째, 팟캐스트는 보통 자체 제작이다. 즉, 마이크, 헤드폰, 녹음기 등 필요한 방송 장비에 스스로 투자해야 한다는 뜻이다. 편의에 따라 집이나 사무실에서 팟캐스트를 녹음해도 된다.

팟캐스트의 또 다른 장점은 세상 누구에게든 다가갈 수 있는 능력을 보유하게 된다는 것이다. 기본적으로 잠재적 청취층이 무한하다. 독일의 호프집 종업원에게나 뉴욕의 백만장자에게나, 내가 팟캐스트에서 무엇을 얘기하든 내 방송을 듣게 될 기회는 똑같이 존재한다. 즉, 제작자에게 믿을 수 없을 정도의 영향력을 부여한다. 현재 가장 성공한 팟캐스터의 경우, 에피소드 한 편을 수백만이 청취하기도 한다. 엄청난 수다. 단지 많은 수의 청취자 확보를 목표로 해야 한다고 말하려는 게 아니다. 만약 흥미로운 프로그램을 제작할 수 있다면 팟캐스트가 수익성이 있다는 것이다.

하지만 팟캐스트 제작의 가장 큰 장점은 방송에서 말하고자 하는 주제나 방식에 자율성이 있다는 점이다. 연출자나 방송국에서 제공하는 대본에 따라야 하는 전통적인 라디오 방송과 달리, 팟캐스트에선 어떤 주제에 대해서든 내가 원하는 방식으로 얘기할 자유가 주어진다. 만약 독립적인 팟캐스트 제작자라면, 팟캐스트에 대한 완전한 통제권을 스스로가 갖게 된다.

팟캐스트를 시작하는 것은 그다지 어렵지 않다. 필요한 장비만 있다면 지금 당장이라도 시작할 수 있다. 가장 먼저 해야 할 일은 온라인 팟캐스트 플랫폼에 가입하는 것이다. 그러한 플랫폼을 제공하는 업체가 여러 곳 있다. 그 중 일부는 무료이고, 일부는 월 구독료를 내야 한다. 당연히 유료 팟캐스트 플랫폼이 더 많은 기능과 특색을 가진 더 좋은 서비스를 제공한다. 하지만 예산이 충분치 않다면 언제든 무료 플랫폼을 이용하여 시작할 수 있다. 실제로 몇몇 성공적인 팟캐스터들은 탐색도 해보고 경험도 쌓을 겸 무료 플랫폼으로 시작해보라고 조언한다. 이 전략을 사용하여 팟캐스트의 세계가 어떻게 돌아가는지, 자신의 팟캐스트를 어떻게 홍보할지 배우게 된다. 이런 식으로 업계의 안팎 사정을 배울 수 있다.

그러면 팟캐스트로 어떻게 수익을 창출할까? 시도해볼 수 있는 몇 가지 수익화 방법이 있다. 일부 팟캐스트 플랫폼은 다운로드 횟수 혹은 청취 횟수 등 다양한 산정 기준을 두고 팟캐스터들에게 수익을 지급한다. 팟캐스트 업체를 이용하지 않고 팟캐스트를 녹음하여 개인의 웹 사이트나 블로그에 업로드할 수 있다. 웹 사이트에 광고 게재를 허용하면 이 방법으로 패시브 인컴을 창출할 수 있다. 이 광고들은 구글 애드센스 같은 광고 프로그램의 제3자 광고이거나 제휴 마케팅 업체의 광고일 수 있다.

또한 팟캐스트 자체에서 제품이나 서비스를 홍보하여 괜찮은 수익을 거둘 수도 있다. 이 방식이 통하려면 상당한 수의 고정 청취자를 확보하고 있어야 한다. 그래야 업체나 브랜드가 기꺼이 협찬하려 할 것이기 때문이다. 팟캐스트 협찬이 이루어지는 방식은 상당히 간단하다. 기본적으로 팟캐스트에서 제품 및 서비스를 언급하거나 홍보해주면 업체나 브랜드가 그에 대해 비용을 지불하는 것이다. 이는 에피소드 단위로 이루어질 수도 있고 업체가 프로그램 전체를 협찬할 수도 있다.

기준별 평가

A. 단순성

팟캐스트는 시작하는 것이 얼마나 쉬운지를 고려해보면 정말 간단한 일이다. 필요한 것은 갖춰야 할 장비와 방송을 공유할 플랫폼 뿐이다.

★★★★★★★★☆☆

B. 수동성

팟캐스트로 버는 수입의 대부분은 팟캐스트에서 직접 광고하는 협찬업체로부터 나올 것이다. 초반에 버는 수입의 일부는 소요된 시간과 맞바꾼 것이기 때문에 사실상 수동적이지 않을 것이다. 하지만 과거에 제작한 에피소드로부터 지속적으로 축적되는 실수입은 수동성을 띠게 되고 패시브 인컴이 된다.

★★★★★☆☆☆☆☆

C. 확장성

청취자수를 늘리고 더 많은 협찬업체를 확보하는 것 외에 팟캐스트로 수익을 늘리는 방법은 없다. 물론 현재 진행 중인 팟캐스트 외에 완전히 다른 팟캐스트를 시작해볼 수도 있다. 하지만 이는 전혀 권장할 만하지 않다. 왜냐하면 시간과 자원을 분산시키기만 할 뿐이다.

★★★★★☆☆☆☆☆

D. 경쟁력

팟캐스트 분야는 경쟁이 거의 없다. 청취자를 끌어 모으고 온라인 상에서 영향력을 만들어내는 팟캐스트의 힘에 대해 아직 많은 사람들이 실감하지 못하는 것 같다.

★★★★★☆☆☆☆☆

성공을 위한 조언

1. 자신만의 목소리를 찾아서 고수하라. 개성적인 목소리를 가진다는 것은 팟캐스트에서 매우 중요한 부분이다. 다른 팟캐스터들과 차이를 두려면 어떤 주제에 대해 이야기하는 자신만의 고유한 스타일이 있어야 한다. 자신의 분야에 관련된 여러 화제들을 다루는 차별적인 방식을 제시하라.

2. 팟캐스트에서 청취자들의 질문을 다뤄라. 이는 청취자들로 하여금 제작자와 유대관계를 맺고 상호작용하게 만드는 강력한 기술이다. 팟캐스트에서 생방송으로 청취자의 질문을 읽고 질문에 답을 해주면, 청취자의 생각에 대해 관심을 갖고 있다는 인상을 주게 된다.

3. 광고와 협찬으로 팟캐스트를 가득 채우지 마라. 팟캐스트로 돈을 버는 것도 좋지만, 콘텐츠와 홍보 사이에 적절한 균형을 맞춰야 한다. 몇 분에 한 번씩 제품이나 서비스를 홍보하면 청취자들이 그 팟캐스트에 대해 흥미를 잃게 될 것이다.

4. 성능 좋은 녹음 장비에 투자하라. 저음질의 사운드는 청취자들로 하여금 그 팟캐스트에 대해 그다지 진지하지 않다고 생각하게 만들 것이다. 그러므로 가능한 가장 좋은 팟캐스트 음질을 전달하기 위해 좋은 장비를 마련해야 한다. 고음질의 사운드를 제공하면 음질 저하 없이 청취자들이 다운로드하거나 오디오 파일을 다른 목적으로 이용할 수도 있다.

5. 방송 스케줄을 정해서 엄수하라. 청취자 측에서 방송 켜는 시간을 알 수 있도록 스케줄에 따라야 한다. 이렇게 하면 청취자들이 해당 팟캐스트를 듣기 위한 시간을 따로 확보해두기도 용이해진다.

6. 틈새분야를 찾아서 거기에 충실하라. 현재 가장 인기 있는 팟캐스트들을 들여다보면, 그들 대부분 자신들만의 특화된 분야가 있다는 걸 금세 알 수 있다. 특정 분야에 집중하면 충성스런 청취자를 모으기가 더 쉬워진다. 온갖 이슈와 다양한 분야에서 가져온 주제에 대해 이야기 하는 일반적인 팟캐스트라면, 청취자들은 왔다가도 쉽게 떠날 것이다. 예를 들어, 축구 팬인 청취자가 다음 에피소드에서 축구에 대해 얘기하지 않을 거라는 걸 알게 된다면, 딱히 그 에피소드를 듣고 싶은 마음이 들지 않을 것이다.

7. 청취자를 소외시키지 마라. 가능한 논쟁을 만드는 것은 피하라. 물론, 논쟁으로 상당한 수의 청취자가 유입될 수도 있지만, 그 논쟁이 많은 청취자를 소외시키는 방식으로 진행된다면 장기적으로 이득이 되지 못할 것이다.

8. 다른 팟캐스터들과 협업하라. 먼저, 같은 분야를 다루는 다른 팟캐스터들을 찾아서 특정 에피소드를 위해 협업할 의향이 있는지 물어라. 이는 서로의 청취층을 확장할 수 있는 좋은 방법이다. 자신은 물론 협업 상대인 다른 팟캐스터 모두에게 윈원 전략일 수 있다.

9. SNS에서 자신의 팟캐스트를 홍보하라. 페이스북, 트위터, 유튜브, 인

스타그램 같은 인기 있는 사회관계망 사이트를 활용하라. 팟캐스트 내용의 일부를 이러한 SNS 사이트에 업로드해서 사람들이 팟캐스트에서 제공하는 콘텐츠를 맛보기할 수 있게 하면 된다.

10. 잠재적 협찬사에 연락하라. 이 비즈니스에 종사하려면, 업체에 직접 접근해서 나의 팟캐스트에 협찬할 의향이 있는지 물어볼 수 있는 자신감을 갖춰야 한다. 콘텐츠의 질이 좋고 상당한 청취자를 확보하고 있다면 광고업체 측에서도 협찬에 대해 기꺼이 대화하려 할 것이다.

자주 묻는 질문과 답

1. 팟캐스트로 얼마나 많은 돈을 벌 수 있을까?

팟캐스트로 거둘 수 있는 수입의 양은 많은 요소들에 의해 결정된다. 가장 큰 요소는 이용할 수익화 모델, 그리고 에피소드 당 평균 청취자 수다. 업계 평균 추정치를 살펴 보면, 청취자 1,000명 당 2만 원에서 5만 원 사이의 수익이 발생한다.

2. 팟캐스트를 시작하려면 어떤 장비가 필요한가?

기본적으로 필요한 기기들은 팝 필터(pop filter: 마이크의 진동판에 진동이 생겨 듣기 불편한 노이즈가 발생하는 현상을 줄여주는 필터), 붐(boom: 마이크 등의 가동 거치대) 마이크, 헤드폰, 녹음 및 편집 소프트웨어, ID3에디터(ID3 Editor: MP3 태그편집기), 그리고 카메라 등이다.

3. 팟캐스트를 하려면 많은 양의 데이터가 필요한가?

대부분의 팟캐스트는 대략 분당 1MB의 데이터를 사용한다. 만약 40분짜리 팟캐스트라면 약 40MB의 데이터를 소비하게 될 것이다.

4. 팟캐스트를 수익화하는 방법은 무엇인가?

시도해볼 수 있는 여러 가지 수익화 방법이 있다. 코칭, 제휴 마케팅, 협찬, 강좌, 유료 콘텐츠, 광고, 기부, 구독료, 행사, 실물 상품, 책, 강연, 크라우드 펀딩 등이 여기에 포함된다.

• MEMO •

03

블로그

블로그를 통하여 돈을 버는 원리는 꽤 단순하다. 블로그를 만들어 의미 있는 콘텐츠를 게시한 후 제휴 마케팅, 직접 광고, 제3자 광고 등 다양한 수익화 수단을 이용하여 그것을 돈으로 만들어내는 것이다. 만약 블로그에 올릴 콘텐츠를 직접 작성한다면, 내가 벌어들이는 수입은 부분적으로는 수동적이라고 여겨질 수 있다. 하지만 블로그를 진정한 수동적 수입원으로 만들기 원한다면, 콘텐츠 제작 과정을 프리랜스 작가들에게 위탁하길 권장한다. 나의 블로그에 게시할 콘텐츠를 다른 사람이 작성하게 하는 것이다. 즉, 콘텐츠 생산이라는 어려운 작업을 적극적으로 수행하는 것은 자신이 아니라는 말이다.

적당한 가격대에 괜찮은 작가를 발견할 수 있는 수십 개의 취업사이트와 구인, 구직 사이트가 있기 때문에 프리랜스 콘텐츠 생산자를 찾는 일은 그렇게 어렵지 않다. 자격을 갖춘 작가를 고용하고 나면 기사의 주제와 관련된 키워드의 목록을 그에게 보낸다. 굉장히 간단한 과정이다. 기사를 작성하게 한 후 다듬어서 그것을 내 블로그에 게시하면 끝난다. 같은 과정을 반복하여 양질의 콘텐츠를 블로그에 게시하면 더 많은 방문자들이 모여들 것이다. 물론 블로그에서 홍보하는 제휴상품이 방문자들의 입맛에 맞을 경우에 국한되지만, 더 많은 방문자 수는 더 많은 패시브 인컴을 의미한다.

기준별 평가

A. 단순성
블로그 개설은 비교적 쉽다. 사실, 단 몇 분 안에 만들어 낼 수도 있다.

★★★★★★★★★☆

B. 수동성
콘텐츠 제작 과정의 대부분을 남에게 위탁한다 해도, 내가 벌어들이는 소득이 전적으로 수동적이지는 않을 것이다. 스스로 댓글을 읽고 답해야 하며, 새로운 아이디어를 짜고, 광고주나 제휴사들과 소통해야 한다.

★★★★★★★☆☆☆

C. 확장성
블로그는 상당한 확장성이 있다. 한 분야에서 성공한 전략을 또 다른 특정 분야에 적용함으로써 성공을 되풀이할 수 있다. 뿐만 아니라, 동일 블로그의 활동이 백 명을 대상으로 하든 십만 명을 대상으로 하든 고정비용에는 큰 차이가 없다. ★★★★★★★☆☆☆

D. 경쟁력

블로그의 세계는 경쟁이 치열한데, 주제 당 말 그대로 수백만 개의 블로그가 존재하기 때문이다. 기회를 얻는 것이 쉬울수록 진입장벽은 낮아지기 때문에, 단순성은 양날의 검과 같다. ★★☆☆☆☆☆☆☆☆

성공을 위한 조언

1. 특정 분야에 집중하라. 특정 주제에 관해 지속적으로 글을 쓴다면 온라인상에서 구독자를 확보하기가 더 쉬워진다. 게시하는 콘텐츠의 유형을 익히 알고 있기 때문에 사람들은 블로그를 반복하여 방문하게 된다.

2. 양보다는 질에 집중하라. 단 하나의 고품질의 글이 10개의 별 볼 일 없는 글보다 더 많은 돈을 벌어다 줄 것이다.

3. 게시글을 검색엔진에 최적화시켜라. 사람들이 블로그 게시물을 쉽게 찾을 수 있길 원한다면 알맞은 키워드들을 선택하여 검색에 최적화하라.

4. SNS로 블로그를 홍보하라. 예를 들면, 블로그와 직접 연계되는 트위터, 인스타그램, 페이스북 페이지를 개설하면 좋다.

5. 블로그 게시물에 댓글을 달 수 있게 만들어라. 구독자가 뭔가 할 말이

있다면 표현할 수 있도록 허용해야 한다. 이것은 상호작용을 촉진시킨다.

6. 블로그는 가능한 단순하게 만들어라. 구독자들은 조잡한 웹 사이트를 싫어한다. 불필요한 장치나 버튼 등은 제거하는 게 좋다.

7. 게시물 업데이트 스케줄을 지켜라. 많은 구독자를 확보하길 원한다면 이 조언은 매우 중요하다. 활동이 부진한 블로그만큼 독자의 흥미를 잃게 하는 것도 없기 때문이다. 하루 한 번, 일주일에 세 번, 혹은 일주일에 한 번, 뭐가 됐든 상관없다. 중요한 것은 새 콘텐츠가 언제 게시되는지 독자가 예상할 수 있도록 업데이트 스케줄을 엄수해야 한다는 것이다.

8. 구독자 댓글을 콘텐츠화하라. 이것이 바로 모든 게시물의 댓글란을 활성화시켜야 하는 이유다. 구독자의 피드백은 다음 게시물의 중요한 아이디어 원천이 되기도 한다.

9. 블로그 게시물에 이미지, 영상, 도표를 활용하라. 글만으론 지루해질 수 있으므로 콘텐츠에 다른 형식의 미디어를 더하여 재미있게 연출하라.

10. 블로그 게시물을 독자가 쉽게 공유하게 하라. 모든 게시물의 하단에 SNS나 이메일을 통해 독자가 공유할 수 있게 버튼을 추가하라. 이 전략 하나로 수많은 새로운 구독자를 확보할 수 있다.

자주 묻는 질문과 답

1. 블로그를 어떻게 시작할까?

두 가지 선택지가 있다. 웹 개발 능력이 있다면 새로 제작하면 되고, 그런 기술이 없다면 워드프레스(Wordpress)나 블로거(Blogger) 같은 블로그 플랫폼에서 시작해도 된다.

2. 블로그를 개설하고 구축하는 데 비용은 얼마나 들까?

경우에 따라 다르다. 주요 지출은 도메인 등록과 호스팅 비용일 것이다.

3. 얼마나 자주 블로그를 업데이트해야 할까?

목표 구독자층과 주제에 따라 다르다. 만약 시사를 다룬다면 블로그를 매일 업데이트해야 할 것이다.

4. 어떻게 블로그를 수익화 할까?

직접광고, 제휴 마케팅, 협찬 게시물, 광고 프로그램(애드센스) 등을 포함하여 시도해볼 수 있는 수익화 방법은 여러 가지다.

5. 첨단기술에 능숙하지 못해도 블로그로 돈을 벌 수 있을까?

물론이다. 단 한 줄의 코드를 작성할 수 없다 해도 블로그를 시작하기 위해 이용할 수 있는 쉬운 도구와 수단이 많다.

6. 방문자를 모으려면 어떻게 해야 할까?

방법은 매우 많다. 여기에는 SNS 마케팅, 검색엔진 최적화, 광고, 콘텐츠 마케팅(신문과 같은 전통적인 미디어에 광고를 하는 게 아니라, 특정 고객층에 의미 있는 콘텐츠를 만들어 확산시키는 마케팅 기법) 등이 포함된다.

7. 틈새분야란 무엇인가?

블로그의 틈새분야란 하나의 블로그가 주력하는 특정 관심사나 주제를 말한다. 어떤 블로그가 농구 소식 업데이트에 관한 것이라면 자신은 '농구 틈새분야'를 다루고 있는 것이다.

8. 블로그로 정말 돈을 벌 수 있을까?

그렇다. 수많은 사람들이 현재 블로그로 돈을 벌고 있다. 그들이 할 수 있다면 우리 모두 할 수 있다.

9. 내 블로그에 도메인 이름이 있어야 할까?

블로거나 워드프레스 같은 무료 블로그로 돈을 벌수도 있지만, 개성 있는 도메인 이름을 등록하길 적극 권장한다. 그래야 그 블로그가 더 전문성 있게 보여 구독자들이 진지하게 받아들일 것이다.

10. 검색엔진 최적화 방법을 배워야 할까?

물론이다. 최소한 검색엔진 최적화의 기본이라도 배워서 블로그에 활용해야 한다. 블로그로 사람들의 방문을 유도하는 가장 효과적인 방법 중 하나이기 때문이다. 혹은, 첨단기술에 매우 능한 사람과 협력관계를 맺는 것도 대안이 될 수 있다.

블로그에 관한 속설 파헤치기

1. **일단 만들어 놓으면 방문자가 모여들 것이다.**

   절대, 그렇지 않다. 블로그를 개설하는 것은 한 단계일 뿐이다. 매일 수많은 블로그가 개설되고 게시글이 올라오는 이 거대한 흐름 속에서 어떤 블로그는 존재감을 드러내기가 쉽지 않을 것이다. 따라서 그저 만들어 놓고 끝나는 것이 아니라, 마치 생사가 걸린 것처럼 마케팅하고 홍보해야 한다.

2. **블로그로 쉽게 돈을 벌 수 있다.**

   절대 그렇게 할 수도, 그렇게 되지도 않을 것이다. 블로그로 돈을 버는 것은 노력과 인내를 요한다. 대부분의 블로거의 경우, 유의미한 수익이 날 때까지 몇 달, 심지어 몇 년이 걸릴 수 있다.

3. **블로그는 유행이다.**

   만약 블로그가 그저 한동안의 유행이라면 지금쯤 열기가 식어야 마땅하다. 블로그는 십여 년 전부터 인기를 얻기 시작했지만 여전히 강세를 보이고 있다. 블로그 개설이 용이해진 지금 오히려 점점 더 많은 이들이 블로그를 시작하고 있다.

4. **글 솜씨가 없다면 자신만의 블로그를 갖기 힘들다.**

   프리랜스 콘텐츠 제작자가 존재한다는 것은 주지의 사실이다. 솜씨가 없다면, 힘든 일을 맡길 프리랜스 작가 군단을 고용하면 된다.

5. **구독자가 해당 블로그에 지속적으로 방문하길 원한다면 매일 게시물을 올려야한다.**

   아니, 그럴 필요는 없다. 매일 게시물을 올리면 독자가 따라잡기 힘들 수도 있다.

6. **블로그를 시작하려면 첨단기술에 능하고 코딩기술이 있어야 한다.**

   그 반대다. 마우스 클릭하는 방법만 알면 누구든 블로그를 시작할 수 있다.

7. **블로깅에 대해 배울 것은 많지 않다.**

   만약 스스로 이렇게 생각하고 있다면, 이미 실패를 준비를 하고 있는 것이다. 블로깅의 세계는 계속 진화중이다. 날마다 배워야 할 새로운 것이 등장한다.

8. **블로그를 성공시키려면 댓글이 필요하다.**

   꼭 그렇진 않다. 가장 인기 있는 블로그 중 일부는 댓글란을 닫아놓고 있다.

9. **SNS는 블로그에 그다지 쓸모가 없다.**

   해당 블로그를 다른 SNS 플랫폼에 연계시켜놓지 않는다면 아마도 어마어마한 기회를 놓치고 있는 것이다.

04

SNS 인플루언서

SNS 인플루언서란 무엇일까? 최근 허위, 과장광고로 사회적 물의를 일으키기도 했지만, 페이스북이나 인스타그램, 트위터 같은 SNS 사이트에서 수백만의 구독자를 거느리고 영향을 주는 사람들이다. SNS 인플루언서가 되려면, 구독자의 규모가 상당해야 한다. 수백만 구독자를 거느리지는 못하더라도, 기업체와 브랜드의 주목을 끌 만큼은 커야 한다. 즉, 기업체와 브랜드가 특정 제품이나 서비스에 대한 홍보와 리뷰를 부탁하기 위해 나에게 접근할 만큼 충분히 큰 규모여야 한다.

SNS 인플루언서로서의 수입은 주로 특정 제품을 홍보하게 만드는 기업체와 브랜드로부터 나온다. 하지만 활용할 수 있는 수익 모델이 이것만 있는 것은 아니다. 수천 명의 구독자를 보유하고 있다면, 제품이나 서비스를 홍보하고 판매하는 블로그 같은 다른 디지털 플랫폼으로 그들을 유도할 수 있다. 이게 바로 다른 SNS 인플루언서들이 자신의 구독자를 수익화하는 방법이다. 우리 모두 이 같은 방식을 취할 수 있다.

예를 들어, 수천 명의 구독자를 보유한 페이스북 페이지를 운영하고 있다고 가정해보자. 그 페이지에서 미용 제품에 대해 얘기하고 리뷰하라. 본인의 영향력으로 패시브 인컴을 창출하기 위해 페이스북과 블로그를 연계시킨 후, 페이스북에서 다룬 미용 제품에 대한 더 많은 콘텐츠를 블로그에서 제공하면 된다. 제대로 홍보했다면 열렬한 구독자와 팬들이 내 블로그를 방문할 것이다. 블로그에서 제휴상품을 홍보하거나 미용 및 메이크업과 관련된 광고를 게재하여 수익을 창출할 수 있다.

기준별 평가

A. 단순성

SNS 인플루언서가 되려면 많은 시간과 노력이 필요하다. 매일 SNS 사이트를 운영하고 관리하는 데 얼마간의 시간을 할애해야 한다. 조금 나태해지면 힘들게 쌓은 영향력의 일부를 잃을 수도 있다는 위험을 감수해야 한다. 대부분의 여타 비즈니스 모델과 마찬가지로, SNS 계정 관리를 고용한 계약 직원에게 위탁함으로써 단순화할 수 있다.

★★★★★★★★☆☆

B. 수동성

이 비즈니스 모델은 전적으로 수동적이지는 않다. 이미 언급했듯, 이 모델은 많은 시간과 수고를 요한다. 거두어들이는 수입의 일부, 예를 들어 제휴 상품, 팟케스트, 브랜드 홍보사절 활동비 등으로 거두는 수입은 본질적으로 수동적이다. 하지만 다른 수입원인 행사 주최, 매장행사 출연, 제품 리뷰 등은 수동적이지 않다. 이 비즈니스 모델의 수동성 정도는 어떤 수익화 방식을 가장 많이 활용하는지, 그리고 SNS 계정 관리나 영상 편집 등의 잡무를 얼마나 성공적으로 외부에 위탁하는지에 달려 있다.

★★★★★★★☆☆☆

C. 확장성

이 비즈니스 모델에서 수익의 규모를 키우는 유일한 방법은 자신의 영향력을 키우는 것이다. 즉, 더 많은 추천, 더 많은 구독자와 충성스런 팬을 확보해야 한다. 다른 인플루언서들과 관계를 맺고 협업하면 이를 달성하는 데 도움이 될 수 있다.

★★★★★★☆☆☆☆

D. 경쟁력

인플루언서가 되려고 노력하는 수많은 사람들이 존재하기 때문에 SNS 상에서 자신의 영향력을 유지하는 것은 어려울 수 있다.

★★★☆☆☆☆☆☆☆

성공을 위한 조언

1. 집중할 대상을 찾아라. 인플루언서가 되고 싶다면 특정 주제나 분야에 정통해야 한다. 한마디로, 선택과 집중이 중요하다.

2. SNS 플랫폼 상에 어떤 변화가 있을 때 쉽게 알 수 있도록 다른 플랫폼이나 블로그를 구독하라. 예를 들어, 인스타그램이 새로운 기능을 도입했을 때 정보의 한 가운데 있지 않다면, 자신이 그 새로운 기능을 이용하기 시작할 무렵엔 이미 너무 늦어버렸을지도 모른다.

3. 선택한 분야에 관련된 주제나 키워드에 대해 알림설정을 해둬라. 구독자들은 SNS 인플루언서가 그 분야의 최근 소식을 항상 파악하고 있을 것이라고 기대한다. 해당 분야의 최신 정보를 모니터하기 위해 구글 알리미 서비스를 이용할 수도 있다.

4. 블로그를 작성해서 자신의 SNS 계정과 연계시켜라. 인스타그램에서 인기가 있다 해서, 그것이 블로그는 하지 않아도 된다는 걸 의미하지는 않는다. 사실, 블로그를 통해 더 많은 잠재적 구독자를 자신의 인스타그램 계정으로 유도할 수 있다.

5. 링크드인을 활용하라. 많은 사람들이 링크드인을 무시하는 경향이 있는데, 이것은 적절한 타이밍에 적절한 사람들과 자신을 연결해주는 강력한 수단이 될 수 있다. 링크드인은 비즈니스 파트너나 협력자를 물색할 수 있는 좋은 사회 관계망 서비스다.

6. 기회가 될 때마다 자신의 팬이나 구독자들과 관계를 맺어라. 가능한 많은 댓글과 메시지에 답하려 노력하라. 단 한 번의 응답이 불만을 가진 팬과 평생 가는 팬의 차이를 만들 수 있다.

7. 항상 진실 되고 솔직해져라. 인터넷상에서 거짓말을 포착하기가 점점 더 쉬워지고 있다. 그러므로 거짓말을 하거나 구독자를 속일 생각은 꿈에도 하지 마라. 단 한 번의 거짓말로 지금까지 이룬 모든 것을 망쳐버릴 수도 있다.

8. 다른 SNS 인플루언서들과 협업하라. 인기 있는 온라인 유명인사들은 항상 이렇게 하고 있으며 협업 이후 구독자와 팬의 수가 상당히 증가한다.

9. 유머감각을 갖춰라. 재밌는 게 팔린다. 정말이다. 가장 인기 있는 SNS 인플루언서의 온라인 활동을 자세히 들여다보면 알겠지만, 대부분 재미있기 때문에 인기가 있다. 만약 누군가를 웃게 만든다면, 쉽게 그 사람을 자신의 열렬한 팬으로 포섭할 수 있다.

10. 경연 대회나 나눔 이벤트를 개최하라. 이는 주목도를 상승시키는 검증된 방법이다. 기존 팬들과 유대감을 형성하는 강력한 방법일 뿐만 아니라 새로운 팬을 확보하는 효과적인 방법이기도 하다.

자주 묻는 질문과 답

1. SNS 인플루언서란 무엇일까?

SNS 인플루언서란 SNS 플랫폼에서 어느 정도의 구독자층을 보유한 사람이다.

2. 인플루언서 마케팅이란 무엇일까?

온라인 인플루언서를 고용하여 제품 및 서비스를 그들의 구독자와 팬들에게 홍보하게 하는 마케팅 방식이다.

3. SNS 인플루언서들은 어떻게 수익을 창출할까?

여러 가지 방법이 있다. 협찬 업체가 홍보비를 지급할 수도 있고, 자신의 블로그와 웹 사이트에서 수입이 발생할 수도 있다. 가끔은 팬들이 직접 창작자 후원 공식 사이트 등을 통하여 그들을 후원할 수도 있다.

4. 인플루언서와 브랜드 홍보대사 사이의 차이점은 무엇일까?

이 둘은 매우 유사하다. 가장 큰 차이점은 하는 일의 종류와 보수 지급 방식이다.

5. SNS 인플루언서가 되려면 어떤 자격을 갖춰야 할까?

인플루언서와 나머지 평범한 사람들을 구분 짓는 규정 같은 것이 어디에 명시되어있는 것은 아니다. 오직 필요한 것은 온라인상의 충분한 구독자 수다. 자신의 일거수일투족을 추종하는 사람들이 있다면 스스로가 바로 인플루언서다.

6. 어떤 SNS 사이트가 SNS 인플루언서를 위한 최적의 플랫폼인가?

현재까지 가장 인기 있는 인플루언서들의 활동은 소수의 플랫폼에 집중되어 있는데, 여기에는 페이스북, 인스타그램, 유튜브, 트위터가 포함된다.

7. 인플루언서인 나와 파트너 관계를 맺고 싶어할 수도 있는 브랜드에 어떻게 접촉을 시도할까?

직접 연락해서 자신의 판매능력을 증명해 보여라. 자신의 구독자들이 왜 해당 브랜드의 비즈니스에 도움이 되는지 설명하라. 그들의 웹 사이트, 이메일, 혹은 링크드인을 통해 직접 연락할 수 있다.

8. 인플루언서로서 제공하는 서비스에 대해 어느 정도 비용을 청구해야 할까?

다양한 기준과 요소에 따라 달라진다. 구독자수가 어느 정도인가? 자신이 주력하고 있는 분야가 얼마나 수익성이 있는가? 주요 구독자층이 어떻게 구성되어 있는가?

9. SNS 인플루언서가 되는 것만으로 전업에 준하는 수입을 벌 수 있을까?

물론 가능하다.

10. SNS 인플루언서로서 버는 수입은 어떻게 지급받을까?

현금으로 지급받거나 다른 보상물로 지급받을 수 있다. 브랜드나 후원업체와 맺은 계약에 따라 달라진다.

SNS 인플루언서에 관한 속설 파헤치기

1. SNS 인플루언서가 되는 것은 쉽다.

해볼 만한 가치가 있는 일 중 그 어떤 것도 처음부터 쉬운 일은 없다. 자신만의 구독자층을 구축하는 데 시간이 걸린다.

2. 인플루언서 마케팅은 오직 아름답고 매력적인 사람들만을 위한 영역이다.

이는 사실이 아니다. 누구든 인플루언서가 될 수 있다. 지식이든 생활방식이든 타인에게 제공할 수 있는 무언가를 가지고 있는 한 가능하다.

3. 어떤 SNS 플랫폼이든 수익화할 수 있다.

항상 그렇지는 않다. 일부는 가능하다 하더라도 수익화하기가 훨씬 더 어렵다. 예를 들어, 유튜브와 트위터를 비교해보라.

4. 구독자수가 아주 많다면 브랜드와 후원업체가 자신에게 연락해올 것이다.

그런 경우도 있지만 항상은 아니다. 자신 쪽에서 먼저 연락해야 할 때도 있다. 자신이 누구인지, 자신이 그들에게 제공할 수 있는 것이 무엇인지 그들에게 알려라.

5. SNS 인플루언서가 되는 데 돈이 들지 않는다.

콘텐츠를 제작하고, 자신의 웹 사이트, 유튜브, 페이스북 페이지 등에 광고를 게재하는 데 비용이 들 것이다.

6. **SNS 유명인사와 함께 일하는 것은 전문성이 떨어져 보인다.**

   SNS 인플루언서들과 함께 일하는 데 있어 전문적이지 않은 부분은 전혀 없다. 그들은 신뢰가는 대변자이며, 콘텐츠 제작, 브랜드 인지도 구축, 판매 창출 등에 도움을 준다. 그들과 협력 관계를 맺는 것을 만만하게 볼 일은 아니다.

7. **인플루언서 마케팅의 효과는 추적 및 측정될 수 없다.**

   아니다. 정확하지는 않지만 측정이 가능하다.

8. **인플루언서들은 현금으로 보수를 지급받는 경우에만 브랜드와 함께 일할 것이다.**

   인플루언서들이 보상받기 원하는 다른 창의적인 방식들이 존재한다. 예를 들자면, 행사 초대, 브랜드 최신 뉴스와 제품에 대한 독점적 접근권, 브랜드 측이 모든 경비를 부담하는 여행 등이 있다.

9. **인플루언서의 영향력이 미치는 범위와 구독자수가 구독자의 참여 및 공감 여부보다 더 중요하다.**

   후자가 더 중요하다. 그렇지 않으면, 자신의 콘텐츠에 일관성이 없고 공감할 부분이 부족하다고 느끼는 많은 구독자를 잃게 될 것이다.

10. **콘텐츠의 형식이 길든 짧든 같은 가치를 창출한다.**

    이는 플랫폼에 따라 다를 수 있으므로 명확하지 않다. 예를 들어, 인스타그램이나 페이스북 이용자는 한 시간짜리 영상을 기대하지 않겠지만, 유튜브 이용자라면 어느 정도의 분량을 기대할 것이다.

05

거래 뉴스레터 발송

이번 비즈니스 모델을 본격적으로 소개하기 전, 거래 뉴스레터가 무엇인지 정의부터 내리는 것이 중요하겠다. 뉴스레터에 대해서는 익숙하리라 생각한다. 이는 매일 혹은 매주, 아니면 무작위로 특정 관심사나 주제에 관한 소식을 자신에게 전달해주는 온라인 구독 통신망이다. 이 서비스를 구독하려면 구독 양식에 이메일 주소만 기입하면 된다. 이후 자신은 이메일을 통해 메시지와 최신정보를 받기 시작할 것이다. 거래 뉴스레터도 정확히 같은 방식으로 작동한다. 하지만 자신에게 발송되는 것은 특정 제품 및 서비스에 대한 새로운 거래, 홍보, 할인, 경품에 관한 메시지다.

자신이 자동차 부품 거래를 찾고 있는 고객이라고 가정해보자. 자신은 우연히 자동차 부품 거래에 관한 뉴스레터를 발송하는 웹 사이트를 발견한다. 이메일 주소를 기입하고 뉴스레터를 구독한다. 이 과정을 완료하고 나면, 자신의 이메일 함으로 자동차 부품에 관한 최신 거래와 할인 소식이 발송될 것이다. 여기까지가 거래 뉴스레터가 기본적으로 운영되는 방식이다.

스스로 거래 뉴스레터를 창간하여 패시브 인컴을 창출할 수 있다. 주력분야를 정한 후 그와 관련된 최신 거래, 할인, 홍보 소식을 찾기 위해 인터넷을 샅샅이 조사하라. 이 거래들에 대한 메시지를 작성하여 자신의 거래 뉴스레터를 구독한 사람들에게 일괄적으로 발송하면 된다. 뉴스레터를 창간하려면 이 과정의 일부를 자동적으로 처리해주는 이메일 발송 서비스가 필요하다. 사람들에게 자신의 뉴스레터를 홍보하려면, 잠재 구독자의 유입 지점 역할을 해줄 블로그나 웹사이트를 개설해야 한다.

거래 뉴스레터로 어떻게 돈을 벌까? 시도해볼 수 있는 여러 가지 수익화 방법이 있다. 그 중 최우선 선택지는 제휴 마케팅이다. 예를 들면, 네이버 등 포털사이트에서 최신 거래와 홍보 소식을 찾아내어 구독자들에게 알려준다. 자신의 소개로 사람들이 쇼핑몰에서 제품을 구매하면 자신은 수수료를 받게 된다. 협찬 제품의 목록을 작성하여 뉴스레터로 발송할 수도 있는데, 이는 자신이 구독자에게 협찬 업체의 거래 소식을 홍보해주면 그에 대해 해당 업체가 비용을 지불하는 방식이다.

기준별 평가

A. 단순성

거래 뉴스레터 운영엔 약간의 수고가 든다. 최신 거래를 찾기 위해 끊임없이 인터넷을 검색해야 하기 때문이다. 하지만 프리랜서를 고용해 거래 검색 업무에 도움을 받는다면 이 과정을 쉽게 처리할 수 있다. 자신은 찾아낸 거래를 구독자에게 홍보하기만 하면 된다.

★★★★★★☆☆☆☆

B. 수동성

제대로 해낸다면 거래 홍보를 통해 얻는 수입의 대부분이 수동성을 띨 것이다.

★★★★★★★☆☆☆

C. 확장성

비즈니스를 확장하려면, 다른 분야와 관련된 또 다른 뉴스레터를 창간하거나 구독자에게 보내는 메시지의 양을 늘리면 된다.

★★★★★★☆☆☆☆

D. 경쟁력

거래 뉴스레터는 아주 많다. 그러므로 치열한 경쟁을 예상해야 한다.

★★★☆☆☆☆☆☆☆

성공을 위한 조언

1. 거래 뉴스레터를 창간하기 전에 먼저 블로그나 웹 사이트를 개설하라. 블로그를 이용해 구독자를 유치한 후 그들이 뉴스레터를 구독하도록 나중에 유도할 수 있다.

2. 하나의 틈새분야에 집중하라. 일반적인 분야를 목표로 삼는다면 일이 과도하게 많아질 것이다. 예를 들면, 모든 브랜드의 스마트폰 거래를 찾아내려 하지 말고 가장 많이 사용하는 한 곳의 거래에만 초점을 맞춰라.

3. 이메일 자동화 소프트웨어를 이용하라. 이러한 서비스는 요금을 부과하지만, 자신의 부담을 많이 줄여주기 때문에 충분히 그 값어치를 한다.

4. 자신이 홍보하는 거래를 과장하지 마라. 제품의 할인율이 10%인데 12%라고 홍보하면 안 된다. 구독자에게 거짓말하는 행위는 구독을 취소하게 만드는 가장 쉬운 실수이다.

5. 사람들이 구독할 수 있도록 무료 전자책이나 상품, 소프트웨어 등 구독 혜택을 제공하라.

6. SNS에서 자신의 뉴스레터를 홍보하라. SNS 계정에 상당한 구독자를 확보하고 있다면 페이스북이나 트위터상의 짧은 게시물이 그 중 많은 수를 뉴스레터 구독자로 유도할 수 있다.

7. 규모가 가장 큰 제휴 마케팅 업체에 가입하라. 이러한 업체들은 자신이 좋은 거래를 찾아낼 수 있는 곳 중 일부인데, 여기서 찾아낸 거래들을 자신의 구독자에게 소개할 수 있다.

8. 자신과 같은 분야를 다루는 타 거래 뉴스레터를 구독하라. 이 전략으로 경쟁자로부터 특종을 얻어낼 수 있다. 상도덕에 어긋나는 행위는 아니며, 다만 비즈니스일 뿐이다. 이것은 TV방송국이 최신 특종 뉴스를 알아내기 위해 다른 방송국의 뉴스를 시청하는 것과 비슷한 이치다.

9. 다른 분야의 뉴스레터를 하나 더 창간해 성공을 재연하라. 이렇게 되면 업무가 두 배로 늘어나지만, 수입도 잠재적으로 두 배가 되기 때문에 수고를 들일만한 가치가 있다.

10. 타 뉴스레터 발행자와 협업하라. 이때 요령은 자신과 같은 분야의 사람들과만 협업해야 한다는 것이다. 그래야 서로의 뉴스레터를 교차 홍보할 수 있다.

거래 뉴스레터에 관한 속설 파헤치기

1. **거래 뉴스레터 비즈니스를 운영하는 것은 매우 시간 소모적인 일이다.**

   반드시 그렇지는 않다. 이메일 메시지 작성 및 발송 과정을 자동화 시켜주는 이메일 자동화 프로그램을 사용하고, 인터넷 거래 검색을 도와줄 계약 직원을 고용하라. 또한 할인 판촉을 실시할 때 알림 받을 수 있는 회사 이메일을 구독한다면 자신이 좋아하는 다른 일에 집중할 시간적 여유를 가질 수 있다.

2. **거래 뉴스레터 비즈니스는 수익화하기 힘들다.**

   그 반대다. 거래 뉴스레터를 수익화하는 방법은 여러 가지다. 가장 효과가 분명한 방법은 제휴 마케팅이지만 다른 방법도 많다. 예를 들면, 협찬 제품으로 뉴스레터 만들기, 사람들에게 거래 뉴스레터 비즈니스를 시작하는 방법을 알려주는 강좌 개설하기, 거래 뉴스레터 창간을 원하는 기업에게 상담해주기 등이 있다. 자신이 이 다양한 방식을 얼마나 창의적으로 활용할 수 있을지, 수익화를 한계 짓는 것은 오직 이 부분뿐이다.

06

동영상 및 TV 시청

자신이 만약 온라인 동영상을 보면서 많은 시간을 보낸다면, 이것으로 돈을 벌어보는 게 어떨까? 동영상이나 TV만 시청해도 보수를 지급해주는 업체가 실제로 여러 군데 있다. 대부분의 경우, 시청 후 시청 시간에 대해 보상받을 수 있는 동영상 및 텔레비전 프로그램을 제공하는 앱이나 웹 사이트에 가입해야 할 것이다. 국내에는 아직 없지만, 세계적으로 인기있는 업체들에 대한 간단한 설명을 덧붙인다.

비글 앱(Viggle App)?

이것은 iOS와 안드로인드 스마트폰 모두를 위해 설계된 앱이다. 앱을 다운로드하면 시청할 수 있는 동영상과 텔레비전 프로그램의 목록을 볼 수 있다. 시청 시간 1분 당 1포인트를 얻게 된다. 포인트가 누적되면 현금화하거나 온라인에서 제품을 구매하는 데 사용할 수 있다.

스웨그벅스(Swagbucks)

뉴스보도부터 스포츠 하이라이트, 재밌는 동물 영상까지 다양한 종류의 동영상을 시청하면서 돈을 벌 수 있다. 또한 온라인 설문조사나 웹 검색을 통해 돈을 벌 수도 있다. 보수는 페이팔을 통해 지급받거나 상품권으로 교환할 수도 있다.

인박스 달러(Inbox Dollars)

스웨그벅스와 비슷한 유형의 괜찮은 대안업체이다. 인박스 달러는 동영상 시청뿐 아니라 설문조사에 응답하거나, 온라인 게임을 하거나, 판촉 제의에 응하거나, 웹 검색을 수행해도 보수를 지급한다.

퍼크 TV(Perk.Tv)

이것은 비글의 자매 사이트다. 인기 급상승중인 동영상을 시청하거나 영화 예고편을 감상하거나, 짧은 퀴즈에 대답하거나, 온라인 쇼핑을 하거나, 새로운 앱을 다운받으면 포인트를 획득한다.

힛블리스(HitBloss)

주로 상업광고를 시청하며 보수를 지급받는다는 점에서 이 서비스는 독특하다. 이 플랫폼은 심지어 여러 개의 장치를 사용하여 광고를 볼 수 있게 해준다.

페이드투유뷰브(Paid2YouTube)

업체 이름에서 알 수 있듯, 사이트에 소개된 유튜브 동영상을 시청하며 돈을 버는 곳이다.

이 사례들은 자신이 동영상이나 텔레비전 프로그램을 보면서 보수를 지급받을 수 있는 앱이나 업체 중 일부일 뿐이다.

기준별 평가

A. 단순성
가입 후 동영상을 시청하기 시작하면 된다. ★★★★★★★★★☆

B. 수동성
원한다면 어느 때라도 동영상을 시청할 수 있다. ★★★★★★★★☆☆

C. 확장성
수입을 늘리려면 가능한 많은 업체와 앱에 가입해야 한다.

★★★★★★☆☆☆☆

D. 경쟁력
이 분야엔 사실상 경쟁이 거의 없다. ★★★★★☆☆☆☆☆

성공을 위한 조언

1. 관리할 수 있는 범위 내에서 가능한 많은 앱에 가입하라. 가입한 앱이 많을수록 수입과 보상도 더 많아진다.

2. 허용된다면 여러 개의 기기를 사용하라. 일부 앱은 둘 이상의 기기로 동시에 로그인할 수 있게 해준다.

3. 언제든 동영상 시청이 가능하도록 항상 스마트폰을 휴대하라.

4. 신뢰하는 지인들에게 자신의 로그인 정보를 제공하여 앱을 통해 함께 동영상을 시청할 수 있게 하라.

5. 지인에게 앱을 추천하라. 동영상을 시청하면 보수를 지급하는 대부분의 앱은 지인 추천을 통해 포인트를 획득할 수 있다.

6. 가장 많은 보수를 지급하는 앱에 집중하라.

7. 가입한 앱이나 업체의 뉴스레터를 구독하라. 새로운 동영상이나 설문조사가 있을 때 알림을 받을 수 있다.

8. 가입한 앱의 SNS 계정을 구독하라. 해당 앱에 대한 최신 소식을 얻을 수 있다.

9. 반드시 페이팔 계좌를 가지고 있어야 한다. 동영상을 시청하면 보수를 지급해주는 앱의 가장 일반적인 지불방법이 바로 페이팔이다.

10. 날마다 앱에 로그인하라. 동영상을 많이 볼수록 자신에게 주어지는 돈과 보상도 더 많아진다.

07

온라인 상담

혹시 전문가 수준으로 잘 하는 게 있는가? 어쩌면 어도비 포토샵의 프로일 수도, 페이스 북의 팝업창을 만드는 데 능숙할 수도, 다년간의 SNS 마케팅 경험 소유자일 수도 있다. 당신이 어떤 분야에 숙련되어 있다면, 온라인 상담가로서 자신의 전문지식을 제공하는 일에 대해 고려해봐야 한다. 이 비즈니스 모델의 장점은 전 세계의 어느 지역에 있는 누구든 자신의 고객이 될 수 있다는 것이다. 한 대학생이 자신의 비즈니스 법률 전문지식을 필요로 할수도 있고, 최고 경영자가 기업의 페이스북 페이지를 최적화는 방법을 배우고 싶어 할수도 있다. 이 비즈니스의 핵심은, 자신이 무언가를 능숙하게 잘 한다면 사람들에게 그에 대해 조언해주는 것만으로 수입원을 창출할수 있다는 것이다.

온라인 상담은 매우 경쟁적인 시장이므로 어떤 분야나 업계로 진출할지 신중하게 결정해야 한다. 상담 비즈니스에서 고객 확보는 잠재고객에게 그들이 찾고 있는 사람이 바로 자신이라는 걸 증명하는 일이다. 그들이 원하는 걸 자신이 갖고 있다는 확신이 들게 해야 한다. 지금까지 해온 일의 샘플이나 증거를 제시하는 것 외에, 자신을 브랜드화하기 위해 끊임없이 노력해야 한다. 자신의 이름을 세상에 알려야 한다. 이를 위한 최고의 방법은 자신의 고객에게 훌륭한 서비스를 지속적으로 제공하는 것이다.

자신이 제공하는 서비스를 세상에 알리기 위해 웹 사이트, 블로그, SNS 등에서 존재감을 발휘해야 한다. 잠재고객에게 자신을 홍보하기 위해 이러한 플랫폼을 이용해야 하는데, 더 많이 이용할수록 자신의 존재와 자신의 상담 비즈니스에 대해 더 많은 사람들이 인지하게 될 것이다.

기준별 평가

A. 단순성

자신이 진정으로 열정을 갖고 있다면 온라인 상담은 쉽고 간단한 일이 될 수 있다. 또한 사람들을 돕는 걸 좋아한다면 재미있게 즐기면서 일할 수도 있다.

★★★★★★★★☆☆

B. 수동성

온라인 상담료는 보통 시간당 혹은 월정액으로 청구된다. 그러므로 온라인 상담은 수동적 수입원이라는 패시브 인컴의 정의에 정확히 들어맞지는 않는다. 하지만 기업고객의 경우, 그들의 수익을 향상시킬 수 있도록 도와주는 대가로 스톡옵션이나 로열티의 일정 지분을 받는 방식으로 계약을 체결하면 수동적 수입원으로 만들 수 있다.

★★★★★☆☆☆☆☆

C. 확장성

온라인 상담 같은 비즈니스는 1인 체제로 운영되기 때문에 시간과 자원이 한정돼 있어서 확장하기가 어렵다. 물론 상담가를 여럿 고용하여 회사를 설립하고 자신과 직접 계약을 맺는 고객에겐 할증료를 부과하는 식으로 규모를 키울 수도 있다.

★★★★★★☆☆☆☆

D. 경쟁력

온라인 상담 업계는 경쟁자로 가득 차있다. 이미 포화상태인 분야에서 영업을 한다면 더더욱 그렇다. 예를 들어, 만약 SNS 상담가가 되려고 계획 중이라면 마음의 준비를 단단히 해야 한다. 수많은 다른 SNS 상담가와 경쟁해야 하기 때문이다. ★★☆☆☆☆☆☆☆☆

성공을 위한 조언

1. 무료 상담을 제공하라. 자신이 이제 막 시작하는 단계라면 이것은 매우 강력한 전략이 될 수 있다. 온라인 상담 비즈니스에서 가장 어려운 부분 중 하나가 고객 확보이므로 무료 상담 제공은 사업을 개시하는 좋은 방법이 될 수 있다.

2. 기존의 인간관계를 활용하라. 이 역시 시작 단계에서 매우 유효한 전략이 될 수 있다. 친구나 동료들에게 연락하여 상담 서비스가 필요한 사람이 주위에 있는지 물어봐라.

3. 잠재 고객에게 접근하여 자신의 비즈니스를 스스로 홍보할 수 있어야 한다. 이는 다소 거슬리게 들릴 수도 있으나 분명 효과가 있다. 자신이 제공하려는 상담 내용에 자신이 있다면 잠재 고객에게 직접 다가가는 것에 겁먹을 이유가 없다.

4. 자신이 상담하는 분야의 인플루언서(영향력 있는 개인)와 관계를 맺어라. 같은 분야에서 이름을 알린 사람과 관계를 다져놓으면 자신의 명성과 브랜드에 막대한 영향을 미친다.

5. 전문가나 경영 마인드를 지닌 사람들에 맞는 사회 관계망 웹 사이트를 활용하라. 그러한 사이트 중 규모가 가장 큰 것이 링크드인이다. 여기에 계정을 하나 만들어라.

6. 무료 웨비나를 제공하라. 웨비나란 온라인에서 열리는 세미나를 뜻한다. 이것은 기본적으로 수십 혹은 수백 명의 사람들과 이야기를 나눌 수 있는 화상회의이므로 자신의 이름을 세상에 알릴 또 다른 훌륭한 방법이다.

7. 수익이 아닌 관계 형성에 초점을 맞춰라. 그 이유는, 일단 먼저 관계를 맺은 후에 유료로 상담을 해준다면 수익은 저절로 따라올 것이기

때문이다. 상담가로서 성공하기 위해선 충성도 있는 단골 고객을 많이 확보하고 있어야 한다.

8. 경쟁에 익숙해져라. 자신이 가지고 있지 않은 무언가를 경쟁자들은 제공하고 있는가? 자신보다 더 많은 고객을 보유하고 있는가? 성공하기 위해 그들은 무엇을 하고 있는가? 경쟁자로부터 배워라. 배운 것을 자신의 상담 서비스에 응용하라.

9. 고객들에게 주기적으로 연락하라. 필요하다면 전화도 하라. 자신이 도움을 준 프로젝트에 대한 새로운 소식이 있는지 물어봐라. 짧은 전화 한 통, 간단한 이메일 메시지 하나로 이전 고객들과의 비즈니스 관계가 재점화되는 놀라운 일이 일어날 수 있다.

자주 묻는 질문과 답

1. 온라인 상담가는 무엇을 할까?

오프라인 상담가와 비슷한 일을 한다. 모든 것이 인터넷상에서 원격으로 이루어진다는 차이만 있을 뿐이다.

2. 온라인 상담가는 어떻게 되는 걸까?

자신에게 사람들이 기꺼이 돈을 지불할 만큼 전문적인 기술과 지식이 있다고 생각하는가? 그렇다고 생각한다면 당신은 온라인 상담가가 될 수 있다.

3. 상담 에이전시와 계약해야 할까?

자신의 선호에 따라 다르다. 에이전시와 계약할 수도, 고객에게 직접 서비스를 제공할 수도 있다.

4. 온라인 상담가로서 얼마나 벌 수 있을까?

분야와 일에 할애하는 시간의 양에 따라 달라진다. 열심히 일한다면 전업에 준하는 수입을 올릴 수 있다. 만약 자신이 상담가로서 특출난 자질을 보여 훌륭한 평판을 쌓았다면 자신이 원하는 만큼 상담료를 청구할 수 있다. 전문가로 인정받으면 부르는게 값이다.

5. 고객을 어디서 찾을까?

취업사이트를 검색해서 컨설턴트를 찾고 있는 개인 기업가나 사업체를 눈여겨봐라.

6. 상담료는 어떻게 지급받을까?

대부분의 상담료 지불은 온라인 결제 서비스를 통해 이루어진다.

7. 세금을 납부해야 할까?

각 나라의 정책에 따라 다르다. 또한 세목에 따라 세율도 다르므로 세금 담당자에게 확인해야 한다.

8. 자신만의 웹 사이트를 만들 필요가 있을까?

요구 사항은 아니지만 웹 사이트가 있다면 많은 도움이 될 수 있다.

9. 상담료는 어떤 방식으로 부과할까?

시간당이든 건당이든 원하는 방식으로 요금을 부과하면 된다.

10. 나의 온라인 상담 서비스를 어떻게 홍보할까?

블로그, SNS 마케팅, 검색엔진 최적화, 광고 등 여타 온라인 마케팅 방식과 같다.

온라인 상담에 관한 속설 파헤치기

1. 일을 많이 안 해도 큰돈을 벌 수 있다.

가능하다. 단, 자신이 이미 기반을 닦아 놓은 상태이고, 자신이 원하는 결과를 가져다준다는 평판을 고객들이 인지하고 있으며, 주목할 만한 브랜드를 가지고 있을 경우에 한해서.

2. 온라인 상담을 하기 위해선 비즈니스 학위를 소지하고 있어야 한다.

요구 사항은 아니다. 무언가에 대한 경험이 풍부하고 그 경험을 다른 사람들을 돕는 데 활용할 수 있다면 자신은 상담가가 될 수 있다.

3. 온라인 상담은 각 분야의 전문가들만 할 수 있다.

이는 자신이 '전문가'를 어떻게 정의하느냐에 달려있다. 무언가에 대한 개인적 경험과 지식이 풍부하다면 자신은 상담가가 될 수 있다. 자격을 갖추기 위해 고급 학위나 자격증을 소지할 필요는 없다. 고객이 원하는 결과를 가져다줄 수 있다면 자신은 성공할 수 있다.

4. **온라인 상담가로서 일을 구하기는 쉽다.**

적어도 기반을 다지려고 노력하는 초반에는 쉽지 않다. 하지만 자신을 세상에 알려야 한다. SNS 플랫폼이나 링크드인 같은 비즈니스 사이트를 이용하여 자신을 마케팅 하라.

5. **대부분의 업무가 온라인상에서 이루어지기 때문에 세금을 납부할 필요가 없다.**

자신이 비즈니스를 운영하는 나라가 어디냐에 따라 소득을 신고해야 할 수도 있다. 정확한 절차를 제대로 파악하기 위해 회계 전문가에게 문의하길 권장한다.

6. **온라인 상담 업계는 사기꾼 천지다.**

어떤 업계든 일정 정도의 사기꾼은 존재하기 마련이다. 그러므로 자신이 고용한 사람이 약속한 걸 실제로 해낼 능력이 있는 사람인지 확인하기 위해 철저한 조사가 필요하다. 그의 전문기술 수준과 지식을 평가하기 위해 리뷰, 주위의 평판, 무료 상담 등을 참고하라.

7. **온라인 상담은 이미 포화상태인 업계이므로 진출하기엔 너무 늦었다.**

온라인 상담 업계는 계속 성장 중이다. 자신을 제대로 마케팅 한다면 성공의 기회는 풍부하다.

8. **온라인 상담은 재택 근무하는 주부들을 위한 일이다.**

이는 사실이 아니다. 무언가에 대한 경험이 풍부하고 그 지식을 이용하여 남을 도울 수 있다면 누구든 상담가가 될 수 있다.

9. **온라인 상담을 전업으로 삼기에는 수입이 적다.**

전혀 사실이 아니다. 그 반대로, 상담가로서 전업 생활이 가능하다. 자신이 제공하는 전문 지식에 대한 수요가 있고 자신을 제대로 마케팅 한다면, 업계에서 성공할 수 있다.

10. **문제에 대한 해답을 구글 검색으로 찾으면 되기 때문에 기업가나 사업체는 상담가를 필요로 하지 않는다.**

이는 사실과는 거리가 멀다. 진지한 사업가들에게 시간은 소중하다. 그들은 답을 얻기 위해 인터넷을 검색하는 데 시간을 낭비하려 하지 않을 것이다. 경우에 따라선, 그들의 비즈니스를 이해하는 누군가의 지속적인 지원까지 얻을 수 있다.

08

온라인 설문조사

정말 솔직하게 이야기해서, 온라인 설문조사에 참여하여 상당한 돈을 벌 수 있다. 하지만 꾸준함은 기대하지 마라. 온라인 설문조사는 보충 수입원으로만 생각하길 권한다. 조사 수요가 많은 시기가 있지만 아예 없는 시기도 있었다. 물론 설문조사 업체에 따라 어느 정도 차이는 있겠지만, 이 분야의 추세가 대체로 늘 이런 식이다.

온라인 설문조사로 돈 버는 방법은 상당히 간단하다. 설문조사 업체에 등록하여 프로젝트의 실시간 정보를 확인하는 웹에 들어가 진행 중인 설문조사가 있는지 확인한다. 있다면 설문에 응답하여 수고비를 받으면 된다. 푼돈짜리 설문조사도 있고 십만 원 단위를 벌 수 있는 설문조사도 있다. 후자의 경우는 보통 제품, 서비스, 트렌드에 관한 조사이며, 대체로 시장조사 목적으로 업체들이 실시한다.

함께 일할 수 있는 수십 개의 설문조사 업체가 존재한다. 응답비를 지급받는 방법은 업체에 따라 다르다. 온라인 전자결제를 통해 현금으로 지급하는 업체도 있고, 은행계좌로 이체해주는 업체도 있다. 또한 쿠폰이나 상품권, 특정 상품이나 서비스에 대한 할인의 형태로 지급해주는 경우도 있다.

온라인 설문조사로 괜찮은 소득을 올리기 위해서는 진행 중인 설문조사가 있는지 대시보드에서 꾸준히 확인해야 한다. 또한 많은 설문조사 업체가 회원들에게 이메일을 통해 새로운 설문조사에 대한 소식을 공지하기 때문에 이메일도 틈나는대로 확인해야 한다.

기준별 평가

A. 단순성

온라인 설문조사로 소득을 올리는 것은 매우 간단하다. 대부분의 문항이 '예', '아니요'로 대답 가능하거나 객관식으로 이루어져 있다.

★★★★★★★★★☆☆

B. 수동성

엄밀히 말하자면, 온라인 설문조사로 버는 수입은 수동적이지는 않다. 설문조사를 완료해야 보수를 지급받는다. 수입은 거기서 끝난다. 이미 완료한 설문조사로부터 추가적인 소득이 발생하지 않는다. 로봇이나 직접 고용한 직원이 대신해주는 게 아니라면 이 일에 수동성을 부여하기는 쉽지 않다. 하지만 많은 업체가 추천 프로그램을 가동하고 있으므로 지인을 추천하는 데 얼마간의 시간을 투자할 수 있다. 추천 프로그램이란 그 웹 사이트에 추천한 사람들이 설문조사로 수입을 올리면 그 일부를 자신이 가져가는 프로그램이다. 하지만 이 또한 결국 온라인에서 돈을 버는 방법이지 패시브 인컴을 창출하는 방법은 아니다. ★★☆☆☆☆☆☆☆☆

C. 확장성

자신에게 주어지는 설문조사의 건수는 설문조사 업체가 정한다. 업체가 의뢰하는 설문조사에 응하는 것 외에, 소득 규모를 키우고 싶어도 자신이 할 수 있는 일은 별로 없다. 하지만, 응답할 설문조사가 끊이지 않도록 더 많은 설문조사 업체와 일을 하면 어느 정도 규모를 키울 수 있다.

★★★★★☆☆☆☆☆

D. 경쟁력

솔직히 말해서, 온라인 설문조사 업계는 이미 포화상태에 이르렀다. 일을 하겠다는 사람은 너무 많지만, 일감은 부족하다. ★☆☆☆☆☆☆☆☆☆

성공을 위한 조언

1. 가능한 많은 유료 설문조사 사이트에 가입하라. 이미 언급했듯, 설문조사 업체들이 늘 일감을 가지고 있는 것은 아니다. 그러므로 여러 업체에 가입하여, 한 업체의 설문조사 건수가 바닥나면 다른 업체의 사이트에 들어가 진행 중인 설문조사가 있는지 늘 확인할 수 있어야 한다.

2. 업체에 가입하기 전, 실제 설문조사 업체인지 확인하라. 설문조사 사

이트로 자신을 소개하지만 실제로는 다른 용도인 가짜 웹 사이트가 많다.

3. 프로필을 완벽히 작성하라. 설문조사는 대체로 프로필에 입력된 정보에 따라 자신에게 주어진다.

4. 지원자 선별질문에 답할 때 똑똑하고 정직해야 한다. 때때로 설문조사에 참여하기 위해 사전 질문에 답하도록 요구되는데, 이때 가능한 진실하게 답해야 한다.

5. 설문조사를 서둘러서 하지 마라. 응답지가 모순으로 가득 차있다면 보수 지급이 안 된다는 걸 명심하라.

6. 이메일 받은 편지함에 새로운 설문조사 의뢰가 있는지 주기적으로 확인하라. 지메일을 사용하고 있다면 설문조사 이메일을 한 데 모아두는 폴더를 하나 만들어라.

7. 의뢰가 들어오면 다른 사람이 채가기 전에 즉시 수락하여 설문지 작성을 완성하라.

8. 지인을 추천하는 데 얼마간의 시간을 투자하라. 많은 설문조사 업체가 추천 프로그램을 가동하고 있는데, 이는 그 웹 사이트에 추천한 사람들이 설문조사로 벌어들인 수입의 일부를 자신이 가져가는 프로그램이다.

9. 페이팔 계좌를 개설하라. 대부분의 설문조사 사이트가 페이팔을 통해 응답자에게 급여를 지불하기 때문에 이는 매우 중요하다. 계좌를 여는 것은 아주 쉽다. 이메일 주소만 있으면 된다.

10. 의뢰를 받아들일 때 너무 까다롭게 굴지 마라. 다시 한 번 말하지만, 설문조사 일감은 충분하지 않다. 일을 바로 수락하지 않으면 다른 누군가가 금세 채갈 것이다.

자주 묻는 질문과 답

1. 인터넷 설문조사란 무엇일까?

주로 시장조사나 제품 테스트를 위해 기업이 실시하는 설문조사다.

2. 온라인 설문조사는 어떤 식으로 이루어질까?

보통 설문조사를 수행해줄 설문조사 업체를 기업이 고용하면, 업체는 계약을 맺은 온라인 회원들에게 응답지 작성을 요청한다.

3. 온라인 설문조사로 어떻게 돈을 벌까?

설문조사 업체에 가입하여 의뢰 받은 설문조사를 완성하면 된다.

4. 설문조사 건당 얼마를 벌 수 있을까?

조사의 범위와 성격에 따라 다르다. 푼돈밖에 안 되는 경우도 있고 10만 원까지 지급되는 경우도 있다.

5. 현재 최고의 설문조사 업체는 어디일까?

가장 인기 있는 설문조사 사이트에는 국내에선 엔트러스트서베이, 엠브레인, 이지서베이 등이 있고, 세계적으로는 스웨그벅스, 톨루나, 마이버세비, 유고브,패널 오피니언, 하이빙 등이 포함된다.

6. 제대로 된 설문조사 사이트인지 어떻게 알 수 있을까?

사이트가 얼마나 오래 되었는지 알아봐라. 가짜 사이트는 그리 오래 유지되지 못한다. 또한 그 사이트에 대한 리뷰를 가능한 많이 읽어봐라.

7. 설문조사 사이트와 함께 일하기 위한 자격조건은 무엇일까?

자격조건은 업체마다 다르다.

8. 완료한 설문조사에 대한 보수는 어떻게 지급될까?

대부분의 경우 페이팔 등을 통해 현금으로 지급된다. 쿠폰이나 할인 등 다른 방식으로 보상받는 경우도 있다.

9. 온라인 설문조사를 전업으로 삼을 수 있을까?

가능하긴 하지만 매우 드문 경우다. 부업으로만 생각하길 권한다.

10. 동시에 여러 설문조사 사이트에 가입할 수 있을까?

물론이다. 모두 개별 업체이므로 각각 가입하여 일을 하면 된다.

온라인 설문조사에 관한 속설 파헤치기

1. **온라인 설문조사는 항상 한 번에 수십 가지 질문을 한다.**

   늘 그렇지는 않다. 그런 식의 설문조사도 있지만 전부 다는 아니다.

2. **대다수의 온라인 설문조사는 사기다.**

   물론 일부는 사기일 수 있으나 대부분은 정상적이다. 사전 조사를 철저히 할 필요가 있다. 설문을 완료하기 전에 해당 설문조사에 대한 리뷰를 읽어보거나 사람들의 경험을 교환하는 포럼을 확인해봐라. 가짜 사이트는 대체로 오래 가지 못한다.

3. **온라인 설문조사는 개인정보 및 신원 도용이 목적이다.**

   그렇지 않다. 대부분의 온라인 설문조사 업체는 소비자들이 제품을 어떻게 사용하고 있는지, 원하는 제품 특성에는 어떤 것이 있는지 더 잘 파악하기 위해 조사를 실시한다. 조사 결과를 참고하여 더 나은 제품을 만들 수 있다.

4. **기업들은 설문조사에 시간과 돈을 낭비하고 있다.**

   바로 위에서 언급한 것처럼, 시간낭비이기만 한 것은 아니다. 설문조사가 제대로 이루어진다면 유용하게 사용된다.

5. **유료 설문조사 사이트는 경험자만 고용한다.**

   그렇지 않다. 누구든 설문조사에 참여할 수 있다.

6. 쉽게 시스템을 조작할 수 있다.

   가능하긴 하지만, 조작에 성공하기가 점점 어려워지고 있다. 온라인 설문조사 업체가 이 부분에 대해 이전보다 더 똑똑하게 대처하고 있기 때문이다. 일관성 없는 응답지는 부적격으로 간주되어 보수를 지급받지 못할 것이다.

7. 유료 설문조사는 하루아침에 많은 돈을 벌 수 있는 방법이다.

   그 반대다. 설문조사로는 전업 생활하기가 힘들다. 이 일을 해서 빨리 부자 되기는 매우 어렵다.

8. 유료 설문조사 사이트 한 군데만 가입해서 일해도 많은 돈을 벌 수 있다.

   그럴 가능성은 없다.

9. 설문조사를 빨리 완료해서 더 많은 설문지에 응하기 위해 대충 답해도 된다.

   이미 말했듯이, 모순투성이 응답지는 부적격 처리된다.

10. 매주 설문지 몇 개만 작성해도 월 수백만 원을 벌 수 있다.

    가능할 수도 있지만 드문 경우다. 월 수백만 원의 소득을 올리려면 '아주 많은' 설문에 응해야 한다.

09

제휴 마케팅

제휴 마케팅의 비즈니스 모델은 매우 단순하다. 제휴 업체와 계약한 후 해당 업체의 제품과 서비스를 홍보하면 된다. 판매가 성공적으로 이루어질 때마다 수수료를 받는다. 수수료는 수수료율과 제품의 판매가에 따라 몇 센트에서 수백 만 원까지 책정 폭이 넓다. 예를 들어, 10%의 수수료율로 50만 원 상당의 제품을 홍보하고 판매했다고 가정해보자. 그 때 자신이 가져갈 수수료는 상당한 액수인 5만 원이 된다. 보다시피, 고가제품이나 백엔드 수수료(고객이 홍보 제품 외에 동일 업체의 다른 제품을 구매할 때도 지급하는 수수료)가 붙은 제품을 홍보하는 등 자신 영리하게 해나간다면 제휴 마케팅은 매우 짭짤한 패시브 인컴 수입원이 될 수 있다. 제휴 마케팅의 또 다른 좋은 점은 홍보 및 판매를 위해 선택할 수 있는 제휴 상품 수에 제한이 없다는 점이다.

제휴 마케팅 비즈니스를 시작하는 첫 단계는 알맞은 플랫폼을 선택하는 것이다. 다행히 선택할 수 있는 수십 개의 업체가 있다. 그 중 가장 규모가 크고 가장 영향력 있는 제휴 마케팅 업체를 몇 개만 나열하자면 아마존(Amazon), 클릭뱅크(Clickbank), 라쿠텐(Rakuten), 이베이(eBay) 등이 있다. 만약 이 업계에 처음 발을 딛는 경우라면, 규모가 가장 크고 가장 영향력 있는 제휴 마케팅 업체들과 시작하길 강력히 권장한다. 이들은 이미 명성과 영향력을 가지고 있다. 이러한 업체들과 함께 비즈니스를 시작한다면 신생 제휴 업체들에 비해 위험 요소가 훨씬 적을 것이다.

제휴 마케팅은 사업자에게 몇 가지 중요한 혜택을 제공한다. 첫째, 제품이나 서비스를 보유하지 않아도 된다. 타인의 혹의 다른 업체의 제품을 홍보하기만 하면 된다. 둘째, 재고 목록도 필요 없고 주문 및 판매 상태를 파악할 필요도 없다. 이런 일들은 제품 소유자나 제조업체가 처리한다. 다시 한 번 말하지만, 자신의 유일한 책임은 제품을 홍보하고 판매하는 일이다. 셋째, 자신이 벌어들일 수 있는 돈의 액수에 한계가 없다. 한 달에 수십 만 원을 벌수도, 하루에 수백 만 원을 벌수도 있다. 한 달에 억 단위를 버는 경우도 드물지 않다. 여기서 핵심은 소득의 양은 자신이 얼마나 영리한지, 제휴 마케팅 비즈니스에 얼마나 공을 들이는지에 달려있다는 것이다.

기준별 평가

A. 단순성

제휴 마케팅은 상당한 양의 업무량을 요한다. 또한 제품 선택과 수수료 및 지급 구조 등에 대해서도 빈틈이 없어야 한다. 제휴 상품으로 수익화하는 유튜브(YouTube) 채널이나 웹 사이트를 개설하는 것 자체는 쉬울 수 있으나 구독자를 모으는 데 시간이 걸린다. ★★★★★★☆☆☆☆

B. 수동성
제휴 마케팅은 여전히 패시브 인컴을 창출하는 가장 좋은 방법 중 하나다. 의미 있고 흥미로운 콘텐츠로 가득한 웹 사이트라면 몇 주 혹은 몇 달 동안 딱히 노력하지 않아도 자신에게 지속적으로 소득을 가져다 줄 것이다.

★★★★★★★★☆☆

C. 확장성
요즈음 도메인 등록과 호스팅에 드는 저렴한 비용을 고려해보면 제휴 마케팅은 확장하기 정말 좋은 비즈니스다. 월 10만 원 정도의 비용이 드는 10개 이상의 제휴 웹 사이트를 개설한 후 고가이면서 적절한 제휴 상품으로 수익화하고 방문자를 유도하여 지속적으로 돈을 벌 수 있다. 이 정도면 거저먹는 장사다. ★★★★★★★★★☆

D. 경쟁력
제휴 마케팅에 손대기 전 진지하게 고려해봐야 하는 것 중 하나가 바로 이 부분이다. 경쟁이 매우 치열할 수 있는데, 만약 자기계발이나 온라인상에서 돈 버는 방법과 같은 인기 있는 분야를 목표로 한다면 더더욱 그럴 것이다. 조경이나 원예 등 수요는 높지만 경쟁이 낮은 틈새분야를 선택한다면 자신이 직면할 경쟁의 양을 최소화할 수 있다. 또한 페이스북 광고나 유튜브와 같은 다양한 출처로부터 방문자를 유도하는 데 능숙하다면 경쟁과 상관없이 매우 잘 해나갈 수 있을 것이다. ★★☆☆☆☆☆☆☆☆

성공을 위한 조언

1. 서로 관련 있는 제품에 집중하라. 이는 웹 사이트나 블로그를 통해 제품을 판매할 때 매우 중요하다. 이 전략은 종종 틈새 마케팅이라 불린다.

2. 자신이 잘 알고 있는 제품을 홍보하라. 잘 알고 있는 제품이라면 그에 대해 얘기하거나 콘텐츠를 작성하기가 훨씬 더 쉽다.

3. 제품 판매보다는 가치 제공에 우선순위를 둬라. 제품의 장단점을 고객에게 명확히 설명해주는 콘텐츠를 제작해야 한다.

4. 지나친 판매 권유는 지양하라. 많은 이들이 제휴 마케팅에 실패하는 이유가 바로 판매 전략이 너무 강요성을 띠기 때문이다.

5. 구독자에 대해 제대로 알아야 한다. 그래서 철저한 조사가 중요하다. 목표 고객층의 필요와 욕구에 대해 충분히 인지하고 있어야 한다.

6. 제휴 관계에 대해 항상 정직하고 투명해야 한다. 후원업체로부터 홍보비를 받고 제품에 대해 글을 쓰거나 추천할 때마다 그 사실을 공개하는 걸 잊지 마라.

7. 여러 다른 제휴 프로그램을 사용해보고 어떤 것이 자신에게 잘 맞는지 알아내라. 수십 개의 제휴 프로그램이 존재한다. 그 모두를 다 사용해 볼 필요는 없지만 이것저것 시도해보면서 맞는 걸 찾아내는 데

시간을 투자하라.

8. 제휴 상품을 홍보할 때 시대를 초월하여 늘 흥미로울 수 있는 콘텐츠를 작성하라. 앞으로도 몇 년 동안 여전히 공감을 불러일으키고 진실성이 있다면 시대를 초월한 흥미로운 콘텐츠라 여겨질 것이다.

9. 행동을 촉구하라. 자신이 추천하는 제품에 자신이 있다면 두려워하지 말고 구독자에게 클릭하거나 구독하라는 당부를 하라.

10. 자신이 사용하고 있는 프로그램이 제시하는 규칙, 규정, 계약 조건을 늘 준수하라. 한두 가지 규칙을 위반해서 프로그램측이 갑자기 자신의 계정을 종료시킨다면 몇 주 혹은 몇 달 간의 노력이 수포로 돌아갈 수 있다.

자주 묻는 질문과 답

1. 제휴 마케팅으로 어떻게 돈을 벌까?

제휴 마케팅 비즈니스 모델은 꽤 단순하다. 아마존 같은 제휴 프로그램이 있는 업체에 가입한 후 그들의 제품을 홍보한다. 판매에 성공하면 제휴 수수료를 받게 된다.

2. 제휴 마케팅을 어떻게 시작할까?

첫 단계는 제휴 마케팅과 그 작동 원리에 대해 가능한 모든 것을 배우는 것이다. 하지만 바로 일을 시작할 수 있을 만큼 적당한 지식을 가지고 있다고 자부한다면 아마존, 이베이를 비롯한 국내의 수많은 제휴 프로그램을 제공하는 업체에 가입하면 된다.

3. 제휴 마케팅으로 돈을 벌기까지 얼마나 걸릴까?

경우에 따라 다르다. 하루가 걸릴 수도, 몇 주 혹은 몇 달, 심지어는 몇 년이 걸릴 수도 있다. 여러 요인에 따라 달라진다.

4. 제휴 수수료는 어떻게 지급될까?

제휴 마케팅 업체에 따라 다르다. 예를 들어, 아마존은 제휴자에게 은행 계좌, 상품권 등의 방법으로 수수료를 지급한다. 다른 업체들은 페이팔 같은 온라인 결제 플랫폼을 통해, 혹은 비트코인 같은 암호화폐로도 마케터들에게 수수료를 결제해준다.

5. 틈새분야란 무엇인가?

틈새분야는 제휴 마케팅을 하다보면 심심찮게 마주하게 될 용어인데, 쉽게 말해, 자신이 제휴 마케팅을 하면서 주력할 특정 관심사나 주제를 의미한다. 예를 들어, 축구 기념품을 판매하는 제휴 마케팅 웹 사이트를 운영한다고 가정해보자. 이 경우 틈새분야는 '축구 기념품'이다.

6. 제휴 마케팅으로 돈을 벌려면 웹 사이트가 있어야 할까?

반드시 그럴 필요는 없다. 웹 사이트나 블로그 없이 상당한 액수의 제휴 수입을 창출하는 제휴 마케터들도 있다(이미 구독자를 가진 유튜브 채널을 소유하고 있어 제품 리뷰를 한 후 영상 정보란에 제휴 링크를 걸어놓는 경우도 있다). 하지만, 자신만의 웹 사이트를 가지고 있는 것은 매우 중요하다. 웹 사이트를 가지고 있다면 제휴 마케터로서 제품을 마케팅할 수 있는 기회가 두세 배 늘어날 것이다. 전략적으로 페이스북, 유튜브, 인스타그램, 트위터 등 온라인상에 자신의 흔적을 점점 더 많이 남겨야 한다.

7. 어떤 제휴 마케팅 업체 혹은 프로그램에 가입해야 할까?

수백 개의 제휴 마케팅 업체와 프로그램이 존재한다. 만약 이제 시작하는 경우라면, 좀 더 기반이 탄탄한 업체와 함께 일하길 권장한다.

8. 세금을 내야 할까?

온라인에서 거둬들인 소득에 관해선 국가마다 사정이 다르기 때문에 회계 전문가에게 자문을 구해야 할 것이다. 온라인상의 소득을 신고하는 방법에 대해 조언을 구할 필요가 있다.

9. 어떤 종류의 제품을 제휴 마케팅을 통해 홍보할 수 있을까?

불법적인 것만 아니라면 말 그대로 무엇이든 홍보할 수 있다. 디지털 제품이나 실물 제품, 어느 쪽이든 상관없다. 홍보 가능한 제품이 부족할 일은 없다. 아마존만 해도 수백 만 개의 제품을 시장에 내놓고 있다.

10. 제휴 마케터로서 어떻게 성공할 수 있을까?

질 좋은 제품, 고가의 제품을 홍보하고 방문자를 그러한 제휴 상품으로 전략적으로 유도할 수 있다면 제휴 마케팅에서 성공할 수 있다.

제휴 마케팅에 관한 속설 파헤치기

1. 제휴 마케팅은 그다지 어려운 일이 아니다.

제휴 마케팅이 손쉬운 일일 것이라고 기대하며 시작하기 때문에 많은 사람들이 실패한다. 사실, 해야 할 일이 많다.

2. 방문자수가 많으면 제휴 수입도 많아진다.

방문자수가 많으면 분명 도움은 되지만 이는 하나의 요인에 불과하다. 양보다는 방문자의 질이 더 중요하다. 자신이 홍보하고 있는 제품이 홍보 대상자의 구미에 얼마나 맞는지, 그리고 그들이 자신을 얼마나 신뢰하는지에 따라 질은 결정된다. 결국 사람들은 자기가 잘 알고, 좋아하고, 신뢰하는 누군가로부터 무언가를 구매하기 마련이다.

3. 제휴 마케팅은 실력보단 운이다.

이는 전적으로 잘못된 생각이다. 제휴 마케팅도 여느 비즈니스와 다를 바 없다. 제대로 운영하고 수익을 낼 수 있는 능력이 있어야 한다.

4. 제휴 마케팅은 고급 비즈니스 학위를 가진 전문가들만의 영역이다.

제휴 마케팅에서 성공하기 위해 비즈니스 학위를 소지할 필요는 없다. 실상 대부분의 제휴 마케터들은 관련 학위를 갖고 있지 않다.

5. 제휴 마케팅은 광고가 전부다.

제휴 마케팅은 사람들로 하여금 제품을 구매하도록 설득할 수 있는 제대로 된 콘텐츠를 제작하는 데 더 중점을 둔다.

6. **SNS 인기가 제휴 마케팅 성공으로 쉽게 이어진다.**

   늘 그런 것은 아니다.

7. **제휴 마케팅은 이제 끝물이다.**

   제휴 마케팅은 수년간 건재해왔고 여전히 성장 중이다. 장래성이 없다고 생각할 이유가 전혀 없다.

8. **제휴 마케팅은 웹 사이트에 게시된 콘텐츠에 의존한다.**

   웹 사이트 콘텐츠는 제휴 마케팅의 한 부분일 뿐이다. 유튜브나 페이스북 같은 인기 있는 SNS 플랫폼을 활용할 수도 있다.

9. **제휴 마케팅에 뛰어들기에는 너무 늦었다.**

   결코 늦지 않았다.

10. **시작하려면 자금이 많아야 한다.**

    아니다. 돈 한 푼 없이도 시작할 수 있다. 하지만, 이 경우 비즈니스를 확장하는 데 더 오랜 시간이 걸릴 것이다.

10

드랍쉬핑

드랍쉬핑(dropshipping, 판매자가 상품 재고를 두지 않고 주문을 처리하는 유통 방식) 비즈니스 모델은 매우 단순하다. 먼저 판매 상품의 목록을 나열한 웹 사이트를 개설한다. 이 상품들은 내 소유처럼 보이지만 사실내 것은 아니다. 자신의 웹 사이트에서 고객이 제품을 구매하면 제조업체나 납품업체가 제품을 구매자에게 배송하기로 계약을 체결한것이다. 즉, 상품 재고목록을 보유하고 있는 건 내가 아니라는 뜻이다. 나는 그저 웹 사이트에 그것들의 목록을 올려놓기만 하면 된다. 드랍쉬핑이 이루어지는 과정을 간략히 요약해보겠다.

- 상품 제조업체나 납품업체를 찾아 계약을 체결한다. 내가 그들의 상품을 생산자 직송으로 판매할 것임을 계약에 기본적으로 명시해야한다.

- 비즈니스 웹 사이트를 개설한 후 상품의 목록을 만든다.
- 고객이 나의 웹 사이틀 방문한 후 제품을 구매하기로 결정한다.
- 제품 구매가 통보 되면, 나는 제조업체나 납품업체에게 발주한다.
- 주문을 받은 제조업체나 납품업체는 주문을 처리한 후 포장하여 고객에게 배송한다.
- 고객에게는 내가 보낸 것처럼 보이나 실제로는 공급자가 직배송한 상품을 받게 된다.

위에서 살펴본 대로, 이 비즈니스 모델에는 분명한 이점이 있다. 우선, 드랍쉬핑 비즈니스를 창업하기 위해 재고품을 보유하고 있을 필요가 없다. 타인이나 다른 업체가 생산한 상품을 홍보하기만 하면 된다. 즉, 자신은 제품 개발, 시험, 제조의 과정을 거치지 않아도 된다는 뜻이다. 또한 제품을 만드는 데 필요한 엄청난 양의 자금을 사용하지 않아도 된다는 뜻이기도 하다. 쉽게 말해, 운영자 입장에선 투자금이 거의 들지 않는다. 계약을 체결한 제조업체나 납품업체가 제품 생산이라는 어려운 부분을 담당할 것이다. 자신은 그들의 상품을 홍보하기만 하면 된다.

다시 한 번 말하지만, 재고목록은 필요 없다. 자신의 비즈니스 웹 사이트에서 발생한 주문만 신경 쓰면 된다. 주문이 즉각적으로 공급자에게 전달돼 가능한 신속히 처리, 배송될 수 있게 해야 한다. 요점을 말하자면, 드랍쉬핑 비즈니스 운영자로서 자신이 책임져야 할 업무는 다음의 간단한 사항으로 이루어져 있다.

- 웹 사이트에 상품 목록을 만든다.
- 주문을 처리하여 공급자에게 전달한다.
- 웹 사이트를 잘 유지한다.
- 이게 전부다.

기준별 평가

A. 단순성

전 과정을 상당한 정도로 자동화할 수 있기 때문에 드랍쉬핑은 매우 단순한 비즈니스로 볼 수 있다. 온라인 스토어를 개설하고 나면 그밖에 자신이 할 일은 많지 않다. 유일한 문제라면 자신의 웹 사이트나 온라인 스토어로 방문자를 효과적으로 유도하는 방법을 터득하는 일이다.

★★★★★★★★★☆☆

B. 수동성

항상 기억하라. 드랍쉬핑 비즈니스에서 제품을 보유하고 배송하는 것은 자신이 아니다. 뿐만 아니라 자신이 버는 돈의 대부분이 순이익이 된다. 하지만, 문제 발생 시 고객지원 업무를 담당해야 한다.

★★★★★★★★★☆☆

C. 확장성

판매 목록에 더 많은 제품을 추가하거나 또 다른 온라인 스토어를 만들어 드

랍쉬핑 비즈니스를 확장할 수 있다. ★★★★★★★★★☆

D. 경쟁력

드랍쉬핑 업계는 여타의 온라인 업계처럼 그렇게 포화상태는 아니다. 이 비즈니스 모델을 인지하고 있는 사람이 아직 많지 않다. 하지만 점점 더 많은 사람들이 온라인 비즈니스를 통해 자신의 운을 시험해보려 하기 때문에 향후 이 업계도 더 경쟁적으로 변모하리라 예상된다.

★★★★★☆☆☆☆☆

성공을 위한 조언

1. 자신이 실제로 관심 있어 하는 제품을 판매하라. 왜냐하면 자신이 판매하고 있는 제품에 개인적 관심과 애착을 쏟아 부었을때, 충성도 있는 단골 고객을 육성하기가 훨씬 더 쉬워지기 때문이다.

2. 자신이 열정을 갖고 있는 틈새분야를 선택하라. 스스로 즐기면서 운영하고 관리할 수 있다면 드랍쉬핑 비즈니스의 기반을 닦기가 훨씬 더 수월해질 것이다. 뿐만 아니라, 해당 분야에 열정을 갖고 있다면 고객을 더 잘 이해하게 되고, 이는 자신의 온라인 스토어로 유입되는 방문자의 질에 그대로 반영될 가능성이 높다.

3. 되도록 가볍고 내구성 좋은 제품을 판매하라. 판매하기도 더 쉽고 배송 시 파손의 위험도 덜 하다.

4. 드랍쉬핑 비즈니스를 창업하는 데 그치지 말고 하나의 브랜드가 되어라. 자신으로부터 제품을 구매할 때 무언가 특별한 걸 사고 있다는 느낌이 들게 하라.

5. 상품 진열은 고급스럽게 하는 것이 좋다. 잠재적 고객의 입장에서 생각해봐라. 아마추어가 찍은 듯한 저급한 제품 사진을 보고 과연 판매자를 신뢰할 수 있을까?

6. 납품업체나 제조업체와 좋은 관계를 형성하라. 이는 필요할 때마다 어느 정도의 제품 확보를 보장해줄 것이다. 드랍쉬핑 업계에서 회복할 수 없을 정도로 관계를 망치면 사업 전체를 날려버릴 수도 있다.

7. 가격 책정은 합리적이어야 한다. 싸게 팔지도 비싸게 팔지도 않아야 한다는 게 통상적인 룰이다. 적정 가격 이하로 팔면 제품 질이 떨어진다는 인상을 주기 십상이고, 반대로 적정 가격보다 높게 팔면 고객이 아예 흥미를 잃을 수도 있다.

8. 고객이 언제든 주문할 수 있도록 재고를 확보해 놔라. 간절히 사고 싶은 상품의 재고가 없다는 소식만큼 고객을 실망시키는 일도 없을 테니 말이다.

9. 비즈니스의 일부를 자동화하라. 드랍쉬핑 비즈니스를 더 쉽게 운영하기 위해 이용할 수 있는 응용프로그램(앱)이 많다. 이러한 도구들을 잘 활용해야 한다.

10. 훌륭한 고객 서비스를 제공하라. 드랍쉬핑 비즈니스에선 일이 잘못되는 경우가 많다. 공급자가 거래를 끝까지 책임지지 못할 수도, 배송이 늦어질 수도, 주문과 지불 시스템에 착오가 발생할 수도 있다. 이는 드랍쉬핑 관련해서 흔히 발생하는 문제들 중 일부일 뿐이다. 고객을 만족시키기 위해 이러한 문제들을 가능한 신속히 처리해야 한다.

자주 묻는 질문과 답

1. 드랍쉬핑의 이익률은 어느 정도인가?

자신이 판매하고 있는 상품과 그것을 공급하는 업체에 따라 크게 달라진다. 평균 이익률은 5%에서 10% 선이다. 하지만 액세서리와 같은 일부 저가 상품은 이윤 폭이 90%까지 올라간다.

2. 판매하기 전 제품을 사입해야 하는가?

아니, 전혀 그럴 필요가 없다. 이게 바로 드랍쉬핑의 장점이다. 고객이 상품을 주문할 때 제조업체나 납품업체로부터 상품을 구매하면 된다. 자신이 수백 개의 제품을 판매하는 동안 공급자가 그것들을 고객에게 배송하기 위해 정신없이 준비하고 있을 것이다.

3. 드랍쉬핑에 성공하려면 웹 사이트가 필요할까?

그렇다. 온라인 스토어 형태의 웹 사이트를 개설해야 한다. 고객이 상품을 이리저리 검색하다 원하는 게 나올 때 구매할 수 있는 공간이 있어야 한다. 자신이 웹 개발자가 아니라면, 온라인 스토어를 만들기 위해 이용할 수 있는 온라인 도구와 응용프로그램이 있다. 예를 들어, 몇 분 만에 온전한 드랍쉬핑 웹 사이트를 만들어낼 수 있는 온라인 서비스 업체에 가입하면 된다.

4. 상품 공급자가 필요할까?

그렇다. 드랍쉬핑 비즈니스에 종사한다는 건 스스로 제품 생산을 할 필요가 없다는 뜻이다. 이는 판매하려고 하는 제품을 자신에게 제공해줄 납품업체나 제조업체가 필요하다는 뜻이기도 하다.

5. 공급자는 어떻게 찾을까?

포털사이트가 큰 도움이 될 수 있다. 자신이 염두에 두고 있는 어떤 제품이든 공급자를 찾아낼 수 있는 수십 개의 온라인 시장이 존재한다.

6. 드랍쉬핑 업체는 어떤 요금을 부과할까?

드랍쉬핑하는 제품 비용뿐 아니라, 업체는 선 주문비와 월 수수료를 부과할 수도 있다. 개별 상품을 포장하고 배송하는 데 드는 비용을 감당하기 위해 업체가 선 주문비를 부과하는 것은 업계의 일반적인 관행이다. 또한 자신들과 거래할 수 있는 특권에 대해 월별 수수료를 부과하기도 한다.

7. 드랍쉬핑 비즈니스를 시작하는 데 필요한 조건은 무엇일까?

사업자를 내고 통신판매업 등록 등의 절차가 필요하다.

8. 드랍쉬핑 모델을 따르는 비즈니스에서 고객서비스는 누가 담당할까?

그 책임은 판매자인 자신에게 있다. 고객지원, 문제해결을 책임져야 하고, 어떠한 고객 불만 사항이든 처리해야 한다. 상품 공급자는 고객에게 상품을 배송할 뿐이다. 그들이 책임지고 할 일은 이것뿐이다.

9. 드랍쉬핑 창업 자금은 얼마나 필요할까?

여러 요인에 따라 달라진다. 10만 원으로 시작할 수도 있고, 100만 원 이상이 필요한 경우도 있다. 판매하려고 하는 상품, 상품의 배송비, 어떤 온라인 툴(tool)을 사용하고 있는지 등에 달려 있다.

10. 내 드랍쉬핑 스토어로 고객을 어떻게 유입시킬까?

여러 방법이 있다. SNS 마케팅, 직접 광고, 블로그, 검색엔진 최적화 등을 시도해볼 수 있다.

드랍쉬핑에 관한 속설 파헤치기

1. **드랍쉬핑은 저가의 일반 상품을 취급할 때만 성공할 수 있다.**
   그렇지 않다. 어떤 종류의 상품이든, 어떤 가격대의 상품이든 성과를 낼 수 있다.

2. **드랍쉬핑에 종사하기 위해선 컴퓨터 기술과 코딩에 능해야 한다.**
   요구사항은 아니다. 웹 사이트의 디자인은 외부에 위탁할 수 있다. 그러한 작업을 대행해 줄 프리랜스 웹 개발자를 찾으면 된다.

3. **하루아침에 돈을 벌 수 있다.**
   이런 생각은 아예 머릿속에서 지워라. 거의 모든 비즈니스와 마찬가지로 눈에 띄는 성공을 이루기 위해선 시간이 걸린다.

4. **드랍쉬핑은 웹 사이트에 상품 나열만 해 놓으면 끝난다.**

그렇지 않다. 주문을 받아 처리한 후 공급자에게 전달해야 하고, 고객이 결함 있는 상품을 반품하는 경우처럼 필요시 고객 서비스를 처리해야 한다.

5. **드랍쉬핑은 창업자금이 많이 들어 소수의 사람만 시도해볼 수 있다.**

전혀 아니다. 단 10만 원으로 시작할 수 있는 경우도 있고, 100만 원 이상이 필요한 경우도 있다. 판매하려는 상품이 무엇인지, 그 상품의 배송비가 얼마인지, 사용하고 있는 툴의 종류는 어떤 것인지 등 여러 요인에 따라 창업자금은 달라진다.

6. **드랍쉬핑 업계는 이미 포화상태여서 발을 들이기엔 너무 늦었다.**

절대 늦지 않았다. 소비재에 대한 수요는 지속적으로 증가하고 있고, 제품 선택만 제대로 한다면 수익성 있는 틈새분야를 스스로 개척할 수 있다.

7. **드랍쉬핑은 사기행위나 마찬가지다.**

함께 일할 공급자에 대해, 그들의 명성이나 거래 이력 등에 대해 자세히 알아보지 않는다면 자신이 사기 당할 수도 있다.

8. **드랍쉬핑은 저급한 중국산 제품을 취급하는 일이다.**

이는 완전히 잘못된 생각이다. 국내뿐만 아니라 유럽이나 미국에서 제조된, 고품질의 제품을 취급할 수 있다.

9. **드랍쉬핑은 일반 사업가에겐 너무 어려운 일이다.**
사람에 따라 다르다. 물론 학습곡선이라는 게 늘 있기 마련이다. 하지만 서적이나 온라인 강의, 함께 일하며 필요할 때 지침을 내려줄 수 있는 조언자 등으로부터 도움을 얻을 수 있다.

10. **상품 공급자의 재고가 바닥나면 사실상 끝장이다.**
이는 사실이 아니다. 여러 공급업체와 협력관계를 맺음으로써 이런 사태가 벌어질 위험을 최소화할 수 있다.

• MEMO •

11

신용카드 캐시백 보상

신용카드 캐시백 보상을 이용하는 것은 구매가의 일정 부분을 돌려받는 좋은 방법이다. 온라인 쇼핑을 많이 하거나 신용카드를 자주 이용한다면, 캐시백 보상 혜택을 제공하는 카드 사용을 고려해야 한다. 캐시백이란 기본적으로 카드 구매가의 일정 부분을 환급해주는 제도다. 카드 캐시백 보상에는 주로 세 가지 유형이 있다.

정해진 기간마다 보상 혜택이 적용되는 업종이 변경되는 캐시백 카드, 업종에 따라 보상율에 차등을 두는 캐시백 카드, 그리고 일반 캐시백 카드가 이에 해당한다.

기준별 평가

A. 단순성

쇼핑할 때마다 캐시백 보상 혜택이 있는 신용카드를 사용하면 된다.

★★★★★★★★☆☆

B. 수동성

신용카드 환급은 패시브 인컴으로 간주될 수 있다.

★★★★★★★★☆☆

C. 확장성

더 많은 환급을 받으려면 신용카드를 더 자주 사용하면 된다.

★★★★★☆☆☆☆

D. 경쟁력

경쟁이라고 할만한 것이 거의 없다.

★★★★★★★★★☆

성공을 위한 조언

1. 보상 혜택 내용을 자신의 관심사 및 카드사용 목적과 일치시켜라. 예를 들어, 여행이 주 관심사라면, 항공 마일리지 보상 혜택이 있는 카드를 신청해 발급받아야 한다.

2. 구매하려는 제품 및 서비스가 카드 보상 범위에 해당되는지 반드시 확인하라. 항상 제외 대상이 있다는 걸 명심하라.

3. 보상율이 가장 높은 카드는 보통 연회비도 가장 높기 때문에 연회비에 유의하라.

4. 캐시백 한도가 있는 카드는 고려 대상에서 제외하라. 캐시백 한도는 구매 총액이 일정량에 도달하면 더 이상 보상받을 수 없다는 걸 의미한다.

5. 가입 보너스를 찾아봐라. 가입 보너스는 공짜 돈이나 마찬가지일 수 있다.

6. 가능한 여러 개의 카드를 사용하라. 보상 카드가 많을수록 환급이 적용되는 제품 및 서비스도 늘어난다.

7. 신용카드 업체가 보너스 혜택을 제공한다면 이를 활용하라.

8. 온라인 쇼핑몰을 통해 구매하라. 왜냐하면 신용카드 업체가 종종 온

라인 쇼핑몰과 제휴 관계를 맺기 때문이다.

9. 청구서 결제 옵션을 최대한 이용하라. 신용카드로 청구서를 납부할 때 혜택이 주어진다면 신용카드로 결제하라.

10. 소비를 억제하라. 환급을 더 많이 받는다고 해서 돈을 절약하거나 돈을 벌고 있다는 걸 의미하진 않는다.

자주 묻는 질문과 답

1. 캐시백 보상 카드란 무엇일까?

구매가의 일정부분을 환급해주는 신용카드다.

2. 캐시백은 어떻게 이루어질까?

신용카드를 사용할 때마다, 구매가의 일정부분을 캐시백 형태로 돌려받는다.

3. 동시에 여러 개의 캐시백 카드를 가지고 있어도 될까?

가능하다.

4. 100% 캐시백 같은 것도 있을까?

그렇다. 때때로 신용카드 업체가 특정 물품이나 거래에 대해 100% 캐시백 혜택을 제공하기도 한다.

5. 캐시백은 언제 받는 걸까?

보통 판매 시점이나 또는 포인트가 축적되어 가용 시점이 되었을 때 받는다.

6. 캐시백 신용카드를 발급받으려면 연회비를 내야 할까?

그렇다. 대부분 연회비를 요구한다.

7. 캐시백 한도가 있나?

일부 카드는 최대한도에 도달할 때 캐시백 보상을 중단한다.

8. 캐시백 보상을 받기 위한 최소 구매액도 있을까?

일부 신용카드는 최소 구매액에 도달하는 경우에만 보상 시스템을 적용한다.

신용카드 캐시백 보상에 관한 속설 파헤치기

1. 신용카드 보상은 받기 쉽다.

약관의 불리한 조항들에 늘 주의를 기울인다면 쉬울 수 있다. 보상이 적용되는 조건들을 충분히 파악하고 있어야 한다.

2. 보상만 추구하다가는 신용 점수가 나빠질 것이다.

반드시 그렇지는 않다. 제대로 활용한다면 신용 점수에 미치는 영향은 아주 작다.

3. **이미 캐시백에 대해 비용을 지불하고 있는 것이나 마찬가지다.**

   보상을 받기 위한 자격 조건을 충족하기 위해 소비를 해야 하므로 일부 맞는 말이다. 하지만, 보상액 전부에 대해 비용을 지불하고 있는 것은 아니다.

4. **신용카드 보상 혜택을 이용해 공짜 여행을 할 수 있다.**

   제대로 이용할 경우에만 적용되는 이야기다. 어떤 사람들은 신용카드 활용을 월등히 잘해서 포인트 적립금만으로 전 세계 여행 경비를 충당하기도 한다.

5. **신용카드 보상에 그다지 수고를 들일 필요가 없다.**

   보상 혜택의 유용성 정도는 자신의 생활방식에 따라 다르다. 하지만 신용카드를 이용하면 포인트를 적립할 수 있음에도 불구하고 현금이나 체크카드를 사용한다면 이는 장기간에 걸쳐 쌓이는 돈을 버리는 것이나 마찬가지다.

6. **보상 혜택이 있는 신용카드를 신청하면 개인 신용 점수에 타격이 있을 것이다.**

   실제로 신용카드 신청에 따른 신용조회는 신용 점수에 부정적 영향을 미칠 수 있다. 하지만 대부분의 경우 그 영향은 미미하며, 영향을 미친다 하더라도 일시적일 뿐이다.

7. **신용카드를 취소하면 신용 점수가 향상된다.**

   좋은 신용 점수를 유지하는 것은 여러 요소에 달려 있는데, 그 중 하나가 신용기록 연한이다. 오래된 신용 카드를 취소하면 이를 단축시켜 신용 점수에 부정적 영향을 끼친다.

8. **포인트나 마일리지를 쌓는 것은 시간 낭비다.**

   이는 개인이 처한 상황에 따라 다르다. 이러한 유형의 보상은 여행을 많이 하는 사람들에게 특히 유용하다.

9. **오로지 가입 보너스를 받기 위해 신용카드를 신청할 수 없다.**

   오로지 그 목적으로 신청할 수도 있다. 하지만 이는 개인의 신용 점수에 상당한 영향을 미칠 수 있다는 걸 명심하라. 신청부터 해지까지 신용카드와 관련한 일거수일투족이 신용등급에 영향을 미친다. 신용카드 신청 직후 철저한 신용조회가 이루어지는데, 이것만으로 신용등급이 조금 하락된다.

10. **카드가 연체되어도 보상을 받을 수 있다.**

    대부분 연체하지 않는 조건으로 보상 혜택이 주어진다. 게다가 연체액에 대한 이자가 혜택 효과를 상쇄할 수도 있다.

CHAPTER

02

콘텐츠 수입

12 애플리케이션 구축

13 워드프레스 테마 개발

14 아이디어 빌려주고 사용료 받기

15 사진 찍어 로열티 받기

16 온라인 경매

17 가상화폐

18 상품 거래

19 도메인 네임 거래

20 리츠– 부동산 펀드

21 배당금 투자

22 수익 예금 가입

12

애플리케이션 구축

어떤 앱이 제작자에게 매달 수백만 원의 소득을 가져다준다는 소식을 심심찮게 듣게 된다. 단순하지만 유용한 애플리케이션으로 백만장자가 된 앱 제작자도 있다. 웹 개발에 응용할 수 있는 훌륭한 코딩 및 프로그래밍 기술이 있다거나, 혹은 웹 개발을 대행해줄 괜찮은 프리랜스 프로그래머를 고용하는 방법을 안다면, 해볼 만한 비즈니스다. 특히 모바일 앱 시장은 사상최고의 호황을 누리고 있다. 점점 더 많은 사람들이 스마트 폰을 이용해 인터넷에 접속하게 되면서 앱 시장 역시 더 크게 성장 중이며 수익성도 더 좋아지고 있다. 물론, 앱 개발 분야는 놀라울 정도로 경쟁이 치열하지만 늘 새로운 기회가 등장하고 있다.

앱은 처음부터 새로 개발할 수도 있고, 오픈소스 소프트웨어(무상으로 공개된 소스코드)를 사용하여 구축할 수도 있다. 각각은 장단점이 있으므로 자신에게 가장 적합한 방법을 선택하면 된다. 자신만의 앱을 제작하고 다듬기 위해 온라인상에서 이용 가능한 여러 가지 툴과 자원을 활용하라. 앱 완성 후 다운로드를 위해 공개하기 전, 반드시 여러 번 테스트하라. 단 하나의 오류만으로도 자신의 모든 수고가 물거품이 될 수 있다. 웹 개발 분야에서 두 번의 기회는 잘 주어지지 않는다. 그러므로 반드시 첫 시도에서 성공해야 한다.

앱을 제작하고 광범위하게 테스트를 한 후 그 다음 할 일은 그것을 시장에 내 놓는 것이다. 우선 인기 앱 스토어에 앱을 등록해야 한다. 이로써 수많은 잠재 고객에게 자신의 앱이 노출될 것이다. 자신의 앱이 충분히 훌륭하다면 사람들이 그에 대해 이야기하기 시작하고, 결국 입소문을 타게 될 것이다. 자신의 앱이 가치 있는 무언가를 제공한다면 스스로 시장성을 획득할 것이다. 하지만 이는 자신은 그저 팔짱끼고 앉아 앱이 혼자서 커나가게 내버려둬도 된다는 뜻은 아니다. 이런 자세를 취한다면 실패는 불 보듯 뻔하다.

직접 개발한 앱이 아무리 만족스러워도, 자신은 여전히 그것을 홍보하고 마케팅하는 데 많은 시간과 자원을 들여야 한다. 페이스북에 앱을 위한 페이지를 개설하라. 트위터나 인스타그램에서 그에 대해 끊임없이 떠들어라. 기술 웹 사이트 및 블로그에서 광고도 하고 이메일 마케팅도 하라. 여기서 핵심은, 자신 스스로 세상에 나와서 가능한 모든 방법을 동원하여 새로 출시된 앱을 사람들에게 알려야 한다는 것이다.

기준별 평가

A. 단순성

애플리케이션 구축은 쉬운 일이 아니다. 처음부터 새로 제작하려면 기술적 경험이 있어야 할 뿐 아니라 충분한 교육도 받았어야 한다. 아니면 비용이 발생하더라도 앱을 제작해줄, 필요한 전문 기술을 갖춘 사람을 고용하는 방법을 알고 있어야 한다.

★★★★★☆☆☆☆☆

B. 수동성

앱이 완성되어 판매가 시작되면 자신이 벌어들이는 수입의 대부분은 사실상 수동성을 띤다.

★★★★★★★★☆☆

C. 확장성

앱 비즈니스를 혼자서 운영한다면 확장하기 힘들 수 있다. 하지만 여러 개의 앱을 동시에 개발할 수 있는 팀 체제로 운영한다면 쉽게 확장 가능하다.

★★★★★★★☆☆☆

D. 경쟁력

앱 비즈니스는 한창 열기가 뜨겁기 때문에 경쟁이 매우 치열할 수 있다. 자신의 경쟁 상대는 개인 개발자뿐만이 아니다. 수십 억 원의 자금 지원을 받는 앱 개발 기업들과도 경쟁해야 한다.

★☆☆☆☆☆☆☆☆☆

성공을 위한 조언

1. 코딩 과정을 시작하기 전부터 개발하려는 앱의 목적이 무엇인지 윤곽을 잡아라. 이는 향후 개발 과정에서 많은 시간과 비용을 절약하게 해줄 것이다. 이 앱은 무엇을 위한 것인가? 어떤 가치를 사람들이 이 앱에서 얻을 수 있을까? 이러한 질문들에 분명한 답을 할 수 있을 때, 바로 그 때가 작업을 시작할 타이밍이다.

2. 자신의 앱을 위한 잠재 시장이 존재하는지 반드시 확인하라. 시장이 없다면 당연히 돈을 벌 수 없다. 자신의 앱 개발 아이디어에 흥미를 느낄만한 부분이 있는지, 친구와 가족에게 물어봐라.

3. 단순하게 만들어라. 성공한 앱의 대다수는 가장 단순한 앱이라는 걸 파악해야 한다. 사람들은 복잡성이 아니라 단순성을 필요로 한다.

4. 자신의 앱을 가능한 많은 운영 시스템과 호환될 수 있게 만들어라. 오직 하나의 운영 시스템에서만 이용 가능하게 만든다면, 자신 스스로 앱의 잠재성을 제한하는 것이다.

5. 앱 공개 전 여러 번 테스트하라. 오류투성이로 앱을 공개한다면 그간의 모든 노력이 순식간에 물거품이 될 것이다. 그러므로 문제없이 매끄럽게 작동한다는 완전한 확신이 들 때까지 반복해서 앱을 테스트하라.

6. 간결할수록 더 좋다. 많은 개발자들이 실수하는 것 중 하나가, 더 많은 기능을 추가할수록 앱이 더 좋아질 거라고 착각하는 것이다. 해결하고자 하는 문제를 파악해서 그것을 자신 앱의 주력 포인트로 삼아라.

7. 무료로 이용 가능한 앱을 만들어라. 분명 모두에게 해당되는 전략은 아니지만 고려해볼 수 있는 전략이긴 하다. 무료 앱을 만들면 두세 배 더 많은 관심을 받을 수 있다. 앱 자체는 무료이지만 유료 전환을 유도하는 옵션을 제공하거나, 광고 공간을 판매하거나, 광고가 없는 유료 버전 앱을 제공함으로써 수익을 거둘 수 있다. 창의적으로 생각하라.

8. 마케팅이 전부라 해도 과언이 아니다. 자신의 앱을 어떻게 홍보할지 계획을 세워야 한다.

9. 이용자처럼 사고하라. 개발 과정 내내 늘 잠재적 이용자의 관점에서 자신의 앱을 바라봐라. 자신이 만들어내고 있는 걸 자신 자신이 좋아하지 않는다면, 이용자도 똑같이 생각할 것이다.

10. 경험이 풍부한 다른 앱 개발자들로부터 피드백을 받아라. 자신의 앱에 대해 어떻게 생각하는지 그들에게 묻고, 의견을 취합하여 훨씬 더 좋은 앱을 만드는 데 활용하라.

자주 묻는 질문과 답

1. 모바일 애플리케이션 하나를 구축하는 데 비용이 얼마나 들까?

앱의 규모와 성격에 따라 다르다. 500만 원의 비용이 드는 앱이 있는가 하면, 억 단위가 비용으로 소요되는 경우도 있다.

2. 모바일 앱 하나를 구축하는 데 시간은 얼마나 걸릴까?

비용과 마찬가지로, 앱의 규모와 성격에 따라 다르다. 며칠만에 완성되는 앱도 있고 몇 달에서 몇 년이 걸리는 앱도 있다.

3. 내 웹 개발 아이디어가 시장성이 있다는 걸 어떻게 확신할까?

자신의 웹이 시장성이 있다는 걸 확인하기 위해서 광범위한 조사를 수행해야 한다. 유사한 앱이 존재하는가, 사람들이 그것들을 이용하기 위해 기꺼이 돈을 지불하고 있는가, 아니면 최소한 다운로드라도 받고 있는가 등을 확인하라.

4. 앱을 수익화하는 가장 좋은 방법은 무엇일까?

다운로드 단위로 앱을 판매하는 것뿐만 아니라, 추가시 유료 구매 옵션을 제공할 수도 있다. 이는 특히 게임용 웹을 위한 훌륭한 전략이다.

5. 앱 개발 시 안드로이드(구글 운영체제)와 iOS(애플 운영체제) 중 어느 것을 사용해야 할까?

두 가지 운영 체제에 모두 능숙하다면 잠재 시장을 넓히기 위해 둘 다 사용하는 게 좋다.

6. 더 많은 앱 다운로드를 유도하기 위한 방법은 무엇일까?

미친 듯이 홍보하고 마케팅해야 한다. SNS, 포럼, 앱 스토어 등 상상할 수 있는 모든 마케팅 플랫폼을 이용하라.

7. 내 앱을 어떻게 마케팅할까?

가능한 많은 앱 스토어와 계약하여 자신의 앱을 목록에 올려라. 또한 SNS, 블로그, 유튜브, 자신의 웹 사이트에서도 홍보해야 한다.

8. 공개 전 몇 번이나 앱을 테스트해봐야 할까?

어떤 오류나 결점도 발견되지 않을 때까지 계속 테스트하라.

9. 웹 개발자가 아니어도 앱을 제작할 수 있을까?

물론이다, 이때가 바로 프리랜스 웹 개발자가 등장할 시점이다. 자신이 앱 개발 아이디어를 고안해내면 개발자가 자신을 위해 그 아이디어를 구현해 줄 것이다.

10. 앱을 무료로 제공하는 것이 좋은 아이디어일까?

마케팅 전략의 하나로서 좋은 아이디어일 수 있다. 무료 다운로드 및 무료 이용 기간을 제공하거나, 무료로 제공하되 추가시 유료 구매 옵션으로 수익화할 수 있다.

앱 구축과 수익화에 관한 속설 파헤치기

1. **모바일 앱은 자금이 얼마 안 든다.**

   자신이 구축하고자 하는 앱의 성격에 따라 달라진다고 이미 언급했다.

2. **모바일 앱은 스마트폰만을 위한 것이다.**

   그렇지 않다. 일반 폰에서도 모바일 앱 이용이 가능하다.

3. **앱을 개발하면 하루아침에 큰 부자가 될 수 있다.**

   그럴 수도 있겠지만 가능성은 매우 낮다. 유의미한 결과는 즉각적으로 나타나지 않는다. 늘 학습과정이라는 게 있게 마련이다.

4. **앱 개발은 완성만 하면 끝나는 일이다.**

   이는 사실이 아니다. 고객의 의견을 귀담아 들어야 하고, 고객을 만족시키고 앱을 경쟁력 있게 유지하기 위해 업데이트 및 업그레이드를 지속적으로 해줘야 한다.

5. **정상적으로 기능하는 앱을 제작하기 위해선 개발자가 되어야 한다.**

   그렇지 않다. 전문적 기술이 없다면, 앱을 개발해줄 프리랜서를 고용하면 된다.

6. **각 플랫폼 용 앱을 개발하는 것은 비실용적이다.**

   그렇지 않다. 필요한 자원과 기술적 노하우가 있다면 실용적이다.

7. **앱을 공개하고 나면 개발 과정은 끝난다.**

사실이 아니다. 고객의 의견이나 평을 들여다봐야 하고, 앱을 경쟁력 있게 유지하기 위해 업그레이드와 업데이트에 꾸준히 공을 들여야 한다.

8. **모바일 앱 개발은 코딩이 전부다.**

그렇지 않다. 앱이 공개된 후에 마케팅을 많이 해야 한다.

9. **단 한 번의 시도로 모든 플랫폼에서 이용 가능한 완벽한 앱을 구축 할 수 있다.**

그런 일이 일어날 수도 있지만, 가능성은 희박하다.

10. **마케팅이 전무해도 수천 명의 이용자를 확보할 수 있다.**

그렇지 않다. 자신의 앱이 아무리 훌륭해도, 마케팅하고 입소문을 내어 그 존재를 알리려는 노력을 해야 한다. 매우 유용한 앱이라면 입소문 마케팅이 시작될 것이고, 이렇게 되면 자신은 마케팅 비용을 대폭 절감할 수 있다.

13

워드프레스 테마 개발

워드프레스(Wordpress: 웹상에서 콘텐츠를 저작하고 출판할 수 있는 오픈소스 콘텐츠 관리시스템)는 인터넷 최고의 콘텐츠 관리 시스템이다. 오픈소스 관리 시스템 때문에 수백만 개의 웹 사이트와 블로그가 이 플랫폼을 이용한다. 당연히 워드프레스와 관련된 모든 것에, 즉 플러그인(plugin; 어떤 프로그램에 없던 새 기능을 추가하기 위해 끼워 넣는 부가 프로그램)부터 모바일 애플리케이션에 이르기까지, 엄청난 시장 수요가 있다. 하지만, 규모가 가장 크고 수요가 가장 많은 워드프레스 관련 상품 중 하나는 워드프레스 테마(Wordpress theme: 워드프레스 기반 웹 사이트의 외양과 디스플레이 방식을 정하는 데 사용되는 템플릿과 스타일시트의 모음)다.

자신이 경험 많고 숙련된 웹 개발자라면, 워드프레스 테마를 제작해서 온라인에서 판매하는 걸 고려해봐야 한다. 수많은 개발자들이 이 방법으로 전업에 준하는 수입을 창출하고 있다. 워드프레스 제작의 좋은 점은 사람들이 그것을 다운로드해서 사용하려면 요금을 지불해야 한다는 것이다. 이는 지적재산의 사용료를 받는 것이나 마찬가지다. 자신이 제작한 테마를 다운로드할 수 있는 사람의 수에는 제한이 없다. 인기 있는 테마를 제작한다면 손쉽게, 그리고 지속적으로 자신의 은행계좌로 돈이 들어올 것이다.

기준별 평가

A. 단순성
자신이 첨단 기술에 능한 웹 개발자라면 워드프레스 테마를 개발하는 일은 그렇게 어렵지 않다. 그 경우가 아니라면, 자신 대신 테마를 개발해줄 누군가를 고용할 수도 있다. ★★★★★★★☆☆☆

B. 수동성
워드프레스 테마를 판매해서 버는 수입의 대부분은 사실상 수동적이다.
★★★★★★★★★☆

C. 확장성
훨씬 더 수익성 있는 테마를 만들거나, 자신을 위해 테마를 제작해줄 개발팀을 고용해서 더 많은 수익을 창출할 수 있다. ★★★★★★★★★☆

D. 경쟁력
자신은 워드프레스 테마를 제작하는 수많은 다른 개발자들과 경쟁하게 될 것이다. ★★★☆☆☆☆☆☆☆

성공을 위한 조언

1. 항상 워드프레스 표준에 따라 코드를 입력하라. 이렇게 하면 사용자가 더 쉽게 사용자정의를 할 수 있다.

2. 코드가 최신 버전인지 항상 확인하라. 오래된 버전의 코드는 사용자에게 많은 문제를 일으킬 수 있다.

3. 단순하고 산만하지 않은 디자인으로 제작하라. 간결할수록 더 좋다.

4. 반드시 워드프레스 커뮤니티 내 가장 인기 있는 플러그인들과 호환가능하도록 테마를 만들어라.

5. 반드시 번역 앱과 플러그인에 호환될 수 있게 테마를 만들어라.

6. 이용자에게 항상 고객 지원을 제공하라. 상업적으로 테마를 판매해야 하는 입장을 고려하면 이는 매우 중요한 부분이다.

7. 자신의 테마에 대한 품질관리를 정기적으로 시행하라.

8. 자신의 테마가 실제로 사용된 견본용 사이트를 개설하여 잠재적 사용자가 테스트해보고 살펴볼 수 있게 하라.

9. 반응형 디자인으로 테마를 제작하라. 이는 자신의 테마가 노트북과

데스크 탑뿐만 아니라 스마트폰 및 태블릿과도 호환이 가능해진다는 것을 의미한다.

10. 사용자 정의하기 쉽게 테마를 만들어라. 사용자들은 자주 바꾸고 수정할 수 있는 테마를 애용한다.

워드프레스 테마 개발에 관한 속설 파헤치기

1. 테마는 비쌀수록 더 좋다.

   일반적으로, 유료 테마가 무료 테마보다 더 많은 지원과 더 철저한 문서화를 제공한다. 하지만 30만 원 짜리 워드프레스 테마가 5만 원 짜리보다 항상 더 좋은 것은 아니다.

2. 시장에 나와 있는 것들과 비슷해 보이는 테마를 골라야 한다.

   그 반대로, 독창적인 것이 유리하다. 독창적인 테마로 자신만의 브랜드를 확립해야 충성도 있는 이용자층을 유치할 수 있다.

3. 워드프레스 테마는 편집하여 완전히 개인 맞춤화할 수 없다.

   그 반대다. 워드프레스는 선택한 테마를 자신의 브랜드나 전략에 맞게 변형할 수 있도록 다양한 옵션을 제공한다.

14

아이디어 빌려주고
사용료 받기

시장성 있다고 생각하는 기기에 대한 아주 좋은 아이디어가 있다고 가정해보자. 조사를 해본 후 이것이 독창적인 아이디어라는 확신이 들어 이 아이디어로 돈을 벌고자 한다. 하지만 그 기기를 제작해서 시장에 내 놓을 수 있는 자금이나 다른 물적 자원이 없다. 이런 경우에는 아이디어 특허권 대여를 고려해봐야 한다. 아이디어 특허권 대여란 기본적으로 개인이 소유한 지적재산권을 빌려주는 것이다.

아이디어 특허권을 대여할 때, '특허권 사용권자'라 불리는 거래의 또 다른 참여자가 있다. 특허권 사용권자는 아이디어 상품을 제조하여 시장에 출시할 수 있는 능력을 가진 기업이다. 개인에겐 없는 자금, 수단, 인력, 자원을 그들은 보유하고 있다. 그들은 이 거래에 관련된 모든 당사자들이 수익을 낼 수 있게 자신의 상품을 제조하여 유통한다. 특허권 사용권자는 상품 제조 및 유통 비용에 마진을 붙여 가격을 책정한다. 이것이 특허권 거래로 이익을 창출하는 방법이다.

아이디어를 가진 개인들은 상품이 판매될 때마다 특허권 사용료를 받게 된다.

그럼 특허권 사용료는 어떻게 책정될까? 특허권 사용료는 상품 도매가의 일정 비율로 정해진다. 특허권 사용권자가 천 원으로 상품을 제조해서 3천 원에 소매상에게 판매한다고 가정해보자. 소매상은 그 상품을 6천 원에 소비자에게 판매한다. 그렇다면 특허권 사용료는 도매가인 3천 원을 기준으로 책정될 것이다. 사용료 비율이 5%라면 상품이 판매될 때마다 특허권자가 받는 사용료는 150원이 된다.

기준별 평가

A. 단순성

이 비즈니스 모델은 이해하기 쉽고 따라 하기 쉽다. 개인의 아이디어를 빌려 줄 특허권 사용권자를 찾아낼 수 있다면 해볼 만하다.

★★★★★★★★☆☆

B. 수동성

특허권 사용료는 순수한 패시브 인컴이다.

★★★★★★★★★★

C. 확장성

규모를 확장하려면 대여할 수 있는 더 많은 아이디어를 생각해내면 된다.

★★★★★★☆☆☆☆

D. 경쟁력

만약 아이디어가 독창적이고 법적으로 보호받고 있다면, 경쟁은 거의 없을 것이다. 하지만 최초의 아이디어와 완전히 같진 않지만 유사한 다른 아이디어와 경쟁할 가능성이 있다는 걸 염두에 둬라.

★★★★★☆☆☆☆☆

성공을 위한 조언

1. 구상하고 있는 아이디어가 정말 독창적인지 확인하기 위해 광범위한 연구조사를 수행하라. 아이디어가 자신의 것이라고 누군가 소유권을 주장하기 시작한다면 향후 문제가 발생할 수 있다.

2. 자신이 생각하는 상품의 카테고리에 맞는 특허권 사용권자를 찾아라. 주방용 기기에 대한 아이디어를 자동차 부품에 특화된 사업자에게 가져가서는 안 된다.

3. 특허권 거래를 도와주는 중개업자와의 협력을 고려해야 한다. 특허권 거래 중개업자란 아이디어 고안자와 적절한 특허권 사용권자를 연결해주는 전문가다.

4. 잠재적 특허권 사용권자와 계약하기 전 제품 홍보자료를 제대로 준비하라. 제안서에 흠결이 없다는 확신이 든 후에야 전화기를 들어 미팅 약속을 정하라.

5. 먼저 특허권 사용권 업체에 전화를 걸어 제품 홍보와 제안서를 담당하는 사람과 얘기하라. 무턱대고 업체 본사로 뛰어 들어가지 마라.

6. 제품 아이디어에 대한 모든 부분, 즉 제품 스케치, 기능 설명, 생산 원자재 등을 빠짐없이 담아낸 프리젠테이션 자료를 준비하라.

7. 견본품을 제작하라. 연구에 따르면 견본품과 함께 제출된 아이디어 제안서가 반대의 경우보다 승인 가능성이 더 높다.

8. 프리젠테이션 후 업체에 꾸준히 연락하라. 용기를 내어 업체에 전화해서 그들이 여전히 자신의 아이디어에 관심을 보이는지 알아봐라. 끈기가 중요하다.

9. 차선책을 세워라. 방문한 업체가 자신의 아이디어에 관심을 보이지 않는다면 어떻게 할 것인가? 접근 가능한 다른 잠재적 특허권 사용권 자들의 목록을 작성해야 한다.

10. 사용료 비율을 더 높게 책정하기 위해 협상하라. 아이디어의 시장성에 대한 확신이 있고, 선주문, SNS에서의 선풍적인 인기 등 시장성을 증명할 만한 무언가가 있다면 더 높은 사용료 비율을 요구해야 한다. 가끔은 위의 조건을 충족하지 않더라도 높은 사용료를 요구한 후 받아들여지도록 협상해봐야 한다.

아이디어 빌려주기에 관한 속설 파헤치기

1. **특허권 거래는 복잡하다.**

   가끔 거래 협약이 복잡한 경우가 있긴 하지만, 과정 그 자체가 복잡한 것은 아니다. 특허권을 대여하려면 가장 기본적으로 지적 재산이 가치가 있다는 걸 증명해야 한다. 그 다음 그 지적 재산권, 즉 특허권을 사용하려는 협력자를 찾아야 한다.

2. **특허권 거래는 법적 절차만 밟으면 끝난다.**

   법적 절차는 특허권 거래의 중요하지만 작은 일부분에 불과하다. 이 거래의 본질은 마케팅과 판매 과정에 있다. 마케팅에 대해 많이 알수록 성공 가능성도 더 커진다.

3. **특허권을 거래할 파트너를 구하는 것은 어렵다.**

   적절한 파트너를 찾는 것은 시간이 걸리겠지만, 반드시 어렵기만 한 것은 아니다. 특히 잠재적 거래 후보를 알고 있다면 금상첨화다.

15

사진 찍어 로열티 받기

자신이 만약 사진 찍는 기술이 있다면, 찍은 사진을 스톡 사진 사이트에 올려 돈을 벌 수 있다. 간단히 설명하자면, 스톡 사진 사이트란 자신이 찍은 고화질의 사진을 업로드하여 요금을 받고 사람들이 사용할 수 있게 하는 전자상거래 플랫폼이다.

예를 들어, 내셔널 지오그래픽 같은 자연 관련 월간잡지가 자신이 스톡 사진 웹 사이트에 업로드한 야생 사진을 사용하길 원한다고 가정해보자. 그 잡지는 일정한 요금을 지불하고, 약정 조건에 따라, 한 번 혹은 여러 번 자신의 사진을 사용할 수 있다. 그 거래로부터 자신은 로열티, 즉 사용료를 받을 수 있다.

사진의 소유주는 여전히 자신이며 다른 잡지, 신문, 온라인 언론매체, 기업체, 개인이 그것을 사용할 수 있다. 고객이 내가 올린 사진을 다운로드하여 사용할 때마다 로열티를 받게 된다. 이용 가능한 스톡 사진 사이트가 다수 있다. 이러한 스톡 사진 업체에 가입하여 서비스

를 이용해보라. 일부 업체는 특정한 유형의 사진에 특화되어 있으므
로 시간을 들여 이곳저곳 탐색해봐야 한다.

기준별 평가

A. 단순성

진입장벽이 낮다는 점에서 스톡 사진으로 패시브 인컴을 버는 것은 쉽고 간
단하다. 스톡 사진 사이트에 가입하여 자신이 촬영한 최고의 사진들을 업로
드하기만 하면 된다.

★★★★★★★★★☆

B. 수동성

자신의 사진이 스톡 사진 사이트에 업로드되어 있는 한, 자신은 지속적으로
사용료를 받을 가능성이 있다. 이보다 더 수동적일 수 없다.

★★★★★★★★★★

C. 확장성

이미지 제공으로 벌어들이는 수입의 규모를 키우려면, 자신이 업로드하는 사
진의 질을 향상시키고 양을 늘리면 된다.

★★★★★★★★★☆

D. 경쟁력

불행히도, 낮은 진입장벽 때문에 스톡 사진 업계 내 경쟁은 굉장히 치열하다.

카메라를 가진 사람이라면 누구든 사진가가 될 수 있다. 심지어 스마트폰으로도 수준 높은 사진을 촬영하여 스톡 사진 사이트에 업로드할 수 있다.

★★★☆☆☆☆☆☆☆

성공을 위한 조언

1. 스톡 사진 사이트나 에이전시에 자신이 촬영한 사진을 등록하기 전에 저작권을 등록하라. 도용은 사진 업계에 만연해있다. 누군가 내 사진을 도용하여 자기 것이라 주장한다면 나는 이 일로 돈을 벌 수 없다.

2. 나만의 관심과 노력을 가장 평판 좋은 스톡 사진 사이트에 집중하라. 평판이 좋은 사이트들은 가장 많은 이용자와 가장 큰 시장을 보유하고 있으므로 더 좋은 판매기회를 제공한다.

3. 가장 좋은 사진들로만 구성된 포트폴리오를 제작하라. 자신의 웹 사이트, 블로그, 페이스북, 인스타그램 페이지에 이 포트폴리오를 전시해 놓을 수 있다.

4. 오직 최고의, 가장 흥미로운 사진만 제공하라. 내가 사진 하나를 업로드할 때, 그와 유사한 사진이 이미 많이 존재할 것이다. 그러므로 자신의 사진이 정말 독창적이라는 걸 확신한 후에 업로드 버튼을 눌러라.

5. 단순해야 한다. 스톡 사진은 순수예술작품이 아니다. 스톡 사진 사이

트에서 사진을 구하려는 사람이나 업체들은 명료하고 단순한 걸 찾고 있을 것이다.

6. 사진을 과하게 손질하지 마라. 요즘은 보정된 사진을 구별하기 훨씬 더 쉬워졌다. 심지어 보정된 사진의 원본을 쉽게 확인하게 해주는 프로그램이나 앱도 있다.

7. 자신만의 분야를 정해서 그 분야의 대가가 되어라. 스톡 사진 업계에서 성공하려고 노력하는 전문 사진가들이 수없이 많다. 당연히 경쟁이 치열할 수밖에 없다. 경쟁이 덜한 분야를 찾아서 그 분야를 실력으로 지배하게 되면 일이 좀 더 수월해진다.

8. 자신의 사진에 이름과 설명을 첨부할 때, 사진을 제대로 묘사해주는 제목과 검색어를 사용하라. 검색엔진 최적화는 자신의 사진을 온라인에서 쉽게 찾을 수 있도록 도와준다. 소비자 입장에서 생각해봐라. 특정한 스톡 사진을 찾으려 할 때 자신이 검색어로 사용할 단어와 어구가 무엇일까?

9. 협상의 기술을 배워라. 이는 자신의 스톡 사진을 구매하려는 업체나 사람들과 직접 소통할 때 매우 중요하다. 자신의 작품을 너무 싸게도 너무 비싸게도 팔지 마라.

10. 품질 좋은 사진 장비에 투자하라. 장비의 품질이 좋다면 더 괜찮은 사진들을 촬영할 수 있다. 매우 단순한 이치다.

자주 묻는 질문과 답

1. 스톡 사진이란 무엇일까?

고객들이 정액요금을 지불하고 사용할 수 있는 저작권이 등록된 사진이다.

2. 사진의 소유권을 여전히 내가 가지게 될까?

그렇다. 사진은 여전히 자신 것이다. 고객들은 그것들을 사용하기 위해 요금을 지불할 뿐이다.

3. 최상위 스톡 사진 사이트는 어디일까?

크라우드픽, 어도비스톡, 셔터스톡, 포토리아, 드림스타임, 게티 이미지, 아이스톡 포토 등이다.

4. 이러한 사이트에 사진을 업로드하기 위한 자격 요건은 무엇일까?

사이트마다 다르므로 등록하기 전 각각의 이용약관을 확인해야 한다.

5. 스톡 사진 사이트에 사진을 업로드 하는 것이 안전할까?

누군가가 자신의 사진을 허락 없이 도용할 가능성은 항상 있다.

6. 스톡 사진 사이트에 사진을 올려놓으면 얼마나 벌 수 있을까?

사이트에 따라, 또 각 사이트의 사용료에 따라 다르다.

7. 어떤 종류의 사진이 스톡 사진 사이트에서 가장 잘 팔릴까?

상업적 호소력이 있는 이미지들이 수요가 많다. 왜냐하면 이러한 종류의 이미지가 광고나 미디어에서 주로 사용되기 때문이다.

8. 여러 스톡 사진 사이트에 사진을 제공해도 될까?

물론이다. 사진에 대한 권리를 가지고 있는 건 바로 자신이라는 걸 기억하라.

9. 독점 계약은 어떨까?

독점 계약이란 단 한 곳의 스톡 사진 사이트에만 사진을 업로드하기로 합의한 경우를 말한다. 이러한 독점 계약엔 분명 장점이 있다. 몇 가지 예를 들자면, 높은 사용료, 업로드 한도 증가, 검색어 상위 노출, 웹 사이트 홈페이지에 자신의 작품이 게재되는 것 등이다. 하지만, 사진을 다른 어떠한 곳에서도, 심지어 자신의 웹 사이트에서도 판매할 수 없다는 점이나 판매가가 더 높다는 점 등 단점도 있다.

10. 인식 가능한 인물을 사진에 등장시킬 때 모델 동의서가 필요할까?

그렇다. 인식 가능한 얼굴을 포함하는 모든 사진엔 모델 동의서가 필요하다.

스톡 이미지에 관한 속설 파헤치기

1. **포털사이트에서 이미지를 검색하면 되기 때문에 스톡 사진은 필요하지 않다.**

   잠재적 법적 분쟁에 휘말리고 싶지 않다면, 재사용이 허용되지 않은 포털사이트 이미지는 피하는 게 좋다.

2. **스톡 사진은 누구든 이용 가능하므로 모든 사람은 결국 비슷한 사진만 갖게 된다.**

   콘셉트를 연구하고 모델 선택, 표현 기법, 색채 설계를 꼼꼼히 검토하는 데 시간을 들인다면, 다른 사람들과 비슷한 사진을 찍게 될 가능성은 별로 없다.

3. **스톡 사진은 너무 뻔하고 싸구려 같다.**

   현재의 추세를 잘 파악해보면, 수요가 많은 이미지가 어떤 유형인지 더 잘 이해할 수 있을 것이다.

4. **스톡 사진은 매우 비싸다.**

   항상 그렇지는 않다. 어떤 사이트는 일부 이미지 사용료가 무료인 곳도 있다.

5. **스톡 이미지가 항상 전문적으로 보이지는 않는다.**

   이는 사실이 아니다. 대부분 전문 사진가들이 촬영한 것이다.

6. **스톡 사진은 진정성이 부족하다.**

   늘 그런 것은 아니다. 스톡 이미지는 항상 진화 중이다. 대다수의 사진가들은 좀 더 진정성 있는 사진을 찍는 방향으로 나아가고 있다.

7. **스톡 이미지는 다 비슷해 보인다.**

   아니, 그렇지 않다. 만약 원하는 사진을 발견하지 못하고 있다면, 이는 좀 더 구체적이고 창의적인 검색어로 해결해야 할 문제다.

• MEMO •

16

온라인 경매

온라인 경매는 정확히 자신이 예상한대로 진행된다. 경매 사이트 목록에 상품을 올리고, 경매기간과 최저 입찰가를 설정한 후, 개시 버튼을 클릭한다. 고객들은 기간이 종료될 때까지 자신의 경매 물건에 입찰할 것이다. 기간이 종료된 후 가장 높은 가격으로 입찰한 사람이 낙찰 받게 된다. 틈새시장을 제대로 겨냥하고 충성도 높은 고객들을 다수 확보할 수 있다면 이는 수익성 있는 온라인 비즈니스가 될 수 있다.

자신이 개시한 경매 중 어느 것이 종료됐고 어느 것이 아직 진행 중인지 주기적으로 확인해야 하기 때문에 온라인 경매는 약간의 수고가 필요하다. 어떤 입찰도 받지 못한 상품은 목록에 다시 올려야 한다. 그러므로 경매 비즈니스를 운영하는 것은 시간이 많이 들 수 있다. 하지만 판매하기 쉬운 상품을 보유하고 있다면 해볼 만하다.

기준별 평가

A. 단순성

온라인 경매 사이트라는 비즈니스 모델은 꽤 단순하다. 사이트에 가입하여 잠재고객이 입찰할 수 있도록 목록에 상품을 올려놓으면 된다.

★★★★★★★★☆☆

B. 수동성

고객에게 직접 물건을 판매하는 것이므로 수입의 대부분은 수동적이지 않다. 이 비즈니스를 좀 더 수동적으로 만들기 위해, 절차를 문서화한 후 계약 직원을 고용할 수도 있다. 목록에 경매물건을 올리고, 입찰 진행상황을 모니터하고, 기간이 종료된 후 유찰된 상품을 다시 목록에 올리는 것과 같은 업무를 직원이 대신 수행하게 하면 된다.

★★★★★☆☆☆☆☆

C. 확장성

비즈니스의 규모를 키우려면 재고목록에 더 많은 제품을 추가하기만 하면 된다. ★★★★★★★★☆☆

D. 경쟁력

온라인 경매는 매우 경쟁적인 분야다. 상품의 질과 가격 측면에서 다른 판매자와 경쟁할 준비가 되어 있어야 한다.

★★☆☆☆☆☆☆☆☆

성공을 위한 조언

1. 자신이 이용하고 있는 경매 사이트에 올라온 유사한 제품을 검토한 후 가격을 책정하라.

2. 가능한 한 무료배송을 제공하라. 이 전략으로 고객기반을 두세 배로 늘릴 수 있다.

3. 제품 목록을 게시하는 최적의 시간을 알아둬라. 일부 제품은 하루의 특정 시간에 경매에 올라올 때 더 잘 팔리는 경향이 있다.

4. 고객을 항상 올바르게 대하라. 경매로 물건을 판매하는 일은 고객이 만족하여 향후 자신으로부터 물건을 다시 구매하게 하는 행위다.

5. 경매의 전 과정을 하나의 온전한 비즈니스로서 대하라. 비록 이 일을 전업으로 삼고 있지 않더라도 그렇게 해야 한다.

6. 가능한한 최저 경매 가격을 제시하지 마라. 경매 고객들은 큰 폭의 제품 할인을 찾는 경향이 있는데 입찰과정에 제한선을 두면 참여 자체를 단념하게 될 수도 있다.

7. 고품질의 제품 이미지를 사용하라. 전문성 있게 보여야 자신의 경매품에 더 많은 입찰이 붙을 것이다.

8. 자신의 상품 목록을 교차홍보 하라. 상품들이 서로 밀접하게 연관되어 있다면 이 방법은 실행해볼 만한 매우 수익성 있는 전략이 될 수 있다.

9. 반품 정책을 시행하라. 이로 인해 많은 고객의 불안과 구매 장벽이 제거되어 이후 다수의 충성스런 고객을 유치할 수 있게 된다.

10. 고객에게 평가나 의견을 요청하라.

자주 묻는 질문과 답

1. 온라인 경매란 무언일까?

온라인 경매란 판매 상품을 목록에 올린 후 고객이 입찰할 수 있게 만드는 것이다.

2. 현재 최고의 경매 사이트는 어디인가?

현재 세계적으로 규모가 가장 큰 경매 사이트는 단연 이베이이다. 하지만 규모가 좀 더 작은 소규모의 전문분야 업체들도 많다.

3. 어떤 종류의 제품을 경매 사이트에서 판매할 수 있을까?

목록에 제품을 올리기 전에 이용 약관을 철저히 검토하여 판매 금지 제품이 무엇인지 반드시 확인하라.

4. 낙찰금은 어떻게 지불받을까?

경매 사이트는 다양한 지불방식을 채택하고 있다. 하지만 신용카드가 가장 일반적인 지불방식이다.

5. 상품 목록들을 어떻게 교차 홍보할까?

상품 상세설명 내지는 추천란에 다른 상품을 함께 올려 눈에 띄게 한다.

6. 무료배송이 좋은 아이디어일까?

더 많은 고객을 유치할 수 있기 때문에 좋은 전략이다. 단, 무료배송으로 인해 손해 보지 않도록 유의하라.

7. 제품 가격은 어떻게 책정할까?

제품 가격, 배송비, 경매사이트가 부과하는 수수료 등 고려해야 할 몇 가지 요소들이 있다.

8. 온라인 경매의 최저 경쟁가격이란 무엇인가?

판매자가 어떤 경매 제품에 대해 받아들일 수 있는 최저 가격이다.

9. 경매 사이트에서 판매하기 위한 제품은 어디에서 구할 수 있을까?

경매 사이트에서의 판매는 기본적으로 소매차익거래다. 대형 유통업체나 기타 출처로부터 제품을 구매하여 경매 사이트에서 되파는 행위다.

10. 경매 사이트에 올려놓은 내 제품을 어떻게 홍보할까?

검색엔진 최적화, SNS 마케팅, 광고 등과 같은 일반적인 온라인 마케팅 방법을 이용하라.

온라인 경매에 관한 속설 파헤치기

1. **적정한 시세로 제품을 판매할 수 없다.**

   '적정한'이란 말의 뜻은 고정돼 있지 않다. 품질 좋은 제품을 목록에 올려놓으면 입찰이 많아질 것이고 결과적으로 '적정한' 판매가격은 매우 상승할 것이다. 품질이 낮은 제품의 경우라면 그 반대일 것이다.

2. **경매 사이트를 통한 제품 판매는 비용이 많이 들기 때문에 제품 가격이 부풀려질 것이다.**

   일반적으로 경매 사이트는 제품 판매 수익에서 일정한 수수료를 가져간다. 그렇다고 비용이 많이 들 필요는 없다. 이 추가비용을 고려하여 적정한 제품 가격을 정하면 된다.

3. **경매는 싼 물건을 찾는 구매자들만 끌어들인다.**

   종종 맞는 말이지만 늘 그런 것은 아니다. 자신이 제공하는 제품의 가치를 제대로 인정하고 그에 상응하여 입찰하려는 고객들도 가끔 있다.

4. **경매 사이트에서 좋은 거래를 찾기란 매우 어렵다.**

   아니다. 열심히 찾아보면 항상 좋은 거래를 찾을 수 있다.

5. **경매 사이트는 판매자와 사이트 소유자 둘 모두에 의해 조작된다.**

이는 사실이 아니다. 조작하거나 들러리를 내세워 입찰가를 올리는 것은 대부분의 웹 사이트 이용 약관에 위배되는 행위다. 예를 들어 이베이 같은 경우, 이용 약관 위반 시 사이트 이용이 금지된다. 하지만, 일부 판매자는 들러리 입찰 행위(입찰가를 높이려고 제3자를 개입시켜 거짓으로 입찰하게 하는 부당행위)를 하기도 한다.

6. **온라인 경매는 구매자와 판매자 양쪽 모두에게 최후의 수단이다.**

구매자와 판매자가 거래할 수 있는 아마존 같은 다른 사이트들도 있다.

7. **경매 사이트에서 판매되는 대부분의 제품은 중고이거나 품질이 떨어진다.**

이는 사실이 아니다. 이베이 같은 경매 사이트에서 신상품을 구매할 수 있다.

8. **경매 사이트는 숨겨진 비용과 수수료로 판매자와 구매자를 속이고 있다.**

일부는 그렇지만 모두에게 해당되는 얘기는 아니다. 철저히 조사해서 어떤 기능이 무료이고 어떤 기능은 유료인지 파악하라. 경매 사이트를 꼼꼼히 들여다보고, 다른 독립된 사이트에 올라온 리뷰를 확인하고, 댓글도 읽어보고, 판매자들이 그 경매 사이트에 대해 어떻게 평가하는지 알아봐라.

9. **경매 사이트에서 제품을 판매하는 것으로는 제대로 된 수입을 올릴**

수 없다.

가능하다. 이를 위해서 가격 책정을 제대로 하고 되팔 때 이윤이 충분히 남도록 대폭 할인된 제품을 찾아낼 줄 알아야 하며, 멋진 제품 사진을 게재하고 제품의 특성과 장점을 잘 드러내는 최적화된 판매 페이지를 제작할 수도 있어야 한다.

10. **판매로 벌어들인 이윤의 대부분을 경매 사이트가 가져간다.**

자신의 수입 대부분을 그들이 가져가지는 않는다. 하지만 경매 사이트가 판매자가 거둔 수익의 10~15%를 수수료로 취하는 경우가 일반적이다.

17

가상화폐

　가상(암호)화폐에 대해 들어본 적이 없다면, 자신은 아마도, 과장을 조금 보태자면, 지난 수십 년간 세상과 담 쌓고 살아온 사람일 것이다. 가상화폐는 온라인 경제에 돌풍을 일으키고 있다. 몇 년 전에 최초의 디지털 화폐인 비트코인(Bitcoin)이 세상에 소개되었다. 등락이 심하긴 하지만, 비트코인 하나의 가치가 1,000만 원 이상인 경우도 있다. 비트코인의 큰 성공으로 이더리움(Ethereum) 같은 다른 디지털 화폐도 가치와 영향력을 높일 수 있었다. 이제 누구도 디지털 화폐 거래 및 투자로 괜찮은 수입을 창출할 수 있다.

　가상화폐로 돈을 버는 세 가지 주요한 방법이 있다. 첫째, 가상화폐를 구입하여 거래하라. 그러한 거래를 용이하게 해주는 가상화폐 거래소가 여러 군데 있다. 둘째, 특정 제품과 서비스에 대한 결제 수단으로 가상화폐를 허용하라. 셋째, 가상화폐를 스스로 채굴하라.

　이 분야에 새로 진출하는 경우라면 첫 번째 혹은 두 번째 방법을 권한다. 세 번째 경우처럼 직접 채굴하는 경우, 요즘은 성공하기 너무 어렵거나 비용이 많이 든다.

기준별 평가

A. 단순성

가상화폐로 돈을 버는 일은 생각보다 간단하지 않다. 가상화폐라는 이 최신의 혁명에 대해, 그리고 그 복잡한 작동 방식에 대해 시간을 투입하여 배워야 한다. ★★★★☆☆☆☆☆☆

B. 수동성

이자를 지불할 사람들에게 자신의 가상화폐를 빌려주어 패시브 인컴을 창출할 수 있다. ★★★★★★★☆☆☆

C. 확장성

수입의 규모를 키우려면 더 많은 가상 화폐를 구입하여 위에 언급한 과정들을 반복해야 한다.

★★★★★★☆☆☆☆

D. 경쟁력

가상화폐 산업은 이미 경쟁이 치열하다. 더 많은 사람들이 관심을 보이고 있으므로 향후 훨씬 더 경쟁이 거세질 것으로 전망된다.

★★★☆☆☆☆☆☆☆

성공을 위한 조언

1. 가상화폐라는 시류에 편승하기 전에 해당 산업에 대해 가능한 많은 것을 배워라.

2. 철저한 조사를 통해 비트코인을 비롯하여 이더리움 같은 인기 있는 가상화폐들의 특성과 차이를 파악하라.

3. 감당할 수 있을 만큼의 액수만 투자하고, 분명한 전략이 있을 경우에만 거래하라.

4. 거래할 때마다 이익 실현을 위한 명확한 목표 수익률을 정하는 것은 물론, 손실을 줄이기 위한 적절한 손절매 타이밍을 설정해야 한다.

5. 항상 위험 요소들을 염두에 두고 지나친 욕심은 부리지 마라. 작은 이익이 모여 장차 큰 이익이 되는 방식을 추구하길 권장한다.

6. 다수의 거래 행위에 관련된 수수료에 대해 유의하라.

7. 폭락한 가상화폐의 가치가 반등할 것이라는 막연한 기대는 하지마라.

8. 한 곳에 집중투자 하지마라. 최소 두 가지 가상화폐에 투자하라.

9. 안전하고 믿을만하다고 증명된 가상화폐 거래소만 이용하라.

10. 사설 중계인이 아닌 믿을만한 거래소를 이용하라. 이렇게 하면 시간과 돈을 많이 절약할 수 있다.

자주 묻는 질문과 답

1. 가상화폐란 무엇일까?
안전한 거래를 보장하고 화폐 발행을 통제하는 암호기술을 이용한 가상 통화다.

2. 가상화폐를 왜 사용할까?
가상화폐는 익명성과 우수한 보안성으로 잘 알려져 있다.

3. 현재 얼마나 많은 종류의 암호화폐가 존재할까?
900가지 이상의 암호화폐가 존재한다고 추정되고 있으며, 그 중 대부분은 공개되지 않고 극비리에 운영되고 있다.

4. 투자할 만한 가장 큰 규모의 가상화폐는 무엇일까?
현재 가장 널리 사용되는 가상화폐에는 비트코인, 이더리움, 라이트코인, Z캐시(Zcash), 대시(Dash), 리플(Ripple), 모네로(Monero) 등이 있다.

5. 가상화폐를 얻는 것은 얼마나 어려울까?
몇 가지 요소에 달려있다. 하지만 가상화폐를 얻는 방법은 기본적으로 세 가지로 압축된다. 구입하거나, 제품 및 서비스의 결제 수단으로 허용하거나, 직접 채굴하는 것이다.

6. 가상화폐 채굴이란 무엇일까?

다양한 형태의 가상화폐 거래가 검증되어 블록체인 디지털 분산원장(복제, 공유 또는 동기화된 디지털 데이터에 대한 합의 기술)에 추가되는 과정이다.

7. 가상화폐 지갑이란 무엇인가?

비트코인 같은 디지털 화폐를 저장하고 보내고 받기 위해 사용되는 안전한 디지털 지갑이다.

8. 가상화폐를 매도할 적기는 언제일까?

보편적으로 인정된 가상화폐를 매도할 '가장 좋은 타이밍'이란 것은 없다. 자신의 투자 전략에 따라 다르다는 정도가 상식이다. 자신은 장기 투자자인가? 아니면 가상화폐 가격의 일시적 변동에 의한 차익을 기대하는 단기 투자자인가? 어느 쪽이든, 구입 시의 가격보다 25% 이상 가치가 상승하면 매도를 고려하는 것이 좋다.

9. 가상화폐 거래는 얼마나 위험할까?

주식 시장과 관련된 위험요소들에 대해 생각해봐라. 가상화폐 시장도 그와 유사한 불안정성과 위험 요소에 노출돼 있다.

10. 국가 간 가상화폐 송금이 가능한가?

그렇다. 이것이 바로 분산형 시스템인 디지털 화폐의 장점이다.

가상화폐 거래에 관한 속설 파헤치기

1. **법망과 세금을 피하기 위해 범죄자들이 가상화폐를 이용한다.**
   비트코인의 경우, 모든 거래가 공개되기 때문에 아무래도 불법행위를 저지르기에 이상적인 조건은 아닌 것 같다.

2. **가상화폐를 사고파는 일은 쉽다.**
   가상화폐를 사고파는 일이 전부가 아니다. 이윤을 남기며 사고팔아야 한다. 그러기 위해서는 충분히 공부해야 한다.

3. **가상화폐는 어떠한 공신력도 없기 때문에 실질적 가치가 전혀 없다.**
   비트코인의 내재가치는 부분적으로 그것을 채굴하는 능력에 있다. 그 인프라는 채굴자들을 보상하기 위한 의도로 구축되어 있다. 더 많은 채굴자가 비트코인을 발행하려고 시도하면 당연히 그 과정에서 이윤을 내기가 더 어려워진다. 같은 이치로, 채굴자가 줄어들면 돈을 벌기가 더 쉬워진다. 따라서 비트코인의 내재가치는 그것을 채굴하는 데 투입되는 노력의 양에 의해 결정된다.

4. **가상화폐로 매매하고 거래하는 것은 불법이다.**
   비트코인의 법적 지위는 국가마다 상당한 차이가 있다. 많은 경우 아직도 명확히 규정돼 있지 않고 불안정하다. 대부분의 국가들에서 비트코인 사용 자체를 불법화하고 있진 않지만, 규정 내용이 서로 달라 화폐로서의 지위는 제각각이다.

5. **가상화폐는 곧 사라질 일시적 유행일 뿐이다.**

투자가 제임스 알투처(미국의 유명 헤지펀드 전문가)에 따르면, 비트코인 같은 가상화폐는 건재할 것이다. 주요 은행들이 비트코인을 허용할 것이고, 보관 및 소프트웨어 접근권을 제공하기 시작할 것이다. 또한 가상화폐 파생상품도 출시할 것이다. 이러한 낙관적 전망에도 불구하고, 향후 대규모 퇴출이 예상되어 비트코인을 제외한 가상화폐의 95%가 사라질 것이다. 닷컴 버블 붕괴를 상기하라.

6. **가상화폐는 첨단기술에 능한 해커들이나 할 수 있는 분야다.**

기꺼이 공부할 준비가 돼 있거나, 최소한 이 분야에 대해 잘 아는 사람과 협력관계를 맺는다면 누구든 가상화폐에 투자할 수 있다.

7. **가상화폐는 조직범죄와 연관되어 있다.**

이는 전적으로 사실이 아니다. 비트코인의 블록체인 기술이 그들에게 불리하게 작용할 수 있다는 걸 범죄자들도 아마 알고 있을 것이다. 이유는, 디지털 분장원장이란 것이 거래가 이동되는 주소와 정확한 시간 및 거래금액까지 꼼꼼하게 기록하는데, 이는 더할 나위 없는 범죄 증거자료이기 때문이다.

8. **가상화폐는 제품 및 서비스 구매에 실제로 사용될 수 없다.**

이는 사실이 아니다. 가상화폐가 지속적으로 주류시장 진입을 시도하면서 점점 더 많은 사업체가 실제 제품 및 서비스 결제 수단으로 이를 인정하고 있다.

9. **가상화폐는 다 똑같다.**

그렇지 않다. 이더리움은 비트코인처럼 블록체인 기반이지만 기술이 약간 다르고 스마트 계약(smart contract: 블록체인 등 분산원장기술에서 거래의 일정 조건을 만족시키면 당사자 간 자동으로 거래가 체결되는 기술)이라는 특별한 기능을 활용한다.

• MEMO •

18

상품 거래

　상품 거래는 투자방식을 다각화하는 가장 효과적인 방법이 될 수 있다. 단기 투자든 장기 투자든 상관없다. 상품 거래는 공산품이 아닌 제1차 산업(천연 자원을 직접 이용하는 경제 부문)에서 거래가 이루어지는 시장이라는 걸 항상 명심하라. 거래 가능한 상품에는 금속, 에너지, 가축, 육류, 그리고 기타 농산품이 포함된다.

　상품 거래는 주식 거래와 유사점이 많다. 가장 큰 차이라면 거래되는 자산이 다르다는 것이다. 주식 거래의 경우처럼 회사주식을 사고파는 것이 아니라 상품 거래는 금이나 기타 귀금속 같은 상품의 매입 및 거래에 집중한다.

　하지만 상품 거래자가 되기 위해서는 따라야 하는 복잡한 절차가 있다는 걸 유념해야 한다.

기준별 평가

A. 단순성

성공적인 상품 거래자가 되려면 시대를 앞서 가야하고 영리해야 한다. 즉, 큰 그림을 그리는 능력이 있어야 하고, 거시적·미시적 경제 상황과 정책, 규정 등을 이해하고 시장이 이것들에 어떻게 반응할지 그리고 그러한 시장의 움직임으로부터 이윤을 취하기 위해 스스로는 어떤 포지션을 취할지(매도 혹은 매입 포지션) 파악할 수 있어야 한다. ★★★★★★☆☆☆☆

B. 수동성

주식 시장에서와 마찬가지로 상품 거래로 벌어들이는 수입의 대부분이 패시브 인컴이다. 상황을 분석하여 포지션을 취하고, 손절매선을 정한 후 기다리면 된다. ★★★★★★★☆☆☆

C. 확장성

비즈니스 규모를 키우려면 더 많은 상품에 투자하거나 신용거래(매매를 결제함에 있어 위탁계좌에 일정한 보증금을 납입한 후 브로커로부터 자금을 융자받아 결제하는 거래)를 해야 한다. 신용 거래는 위험도가 높을 수 있지만 잘만 한다면 실제 가격변동률보다 몇 배 이상의 투자수익률이 발생할 가능성이 더 커진다. ★★★★★★★☆☆☆

D. 경쟁력

상품 거래 시장은 매우 경쟁적이다. 중소기업뿐만 아니라 투자 은행 같은 대기업과도 경쟁해야 한다. ★★★☆☆☆☆☆☆☆

성공을 위한 조언

1. 상품 거래에 뛰어들기 전 전문가나 금융 컨설턴트의 도움을 받아라.

2. 명확한 투자 계획을 세워라.

3. 너무 많은 시장에서 거래하지 마라. 자신의 투자전략이 강세장 혹은 약세장 둘 중 한 군데에서 특별히 큰 효과를 거둘 수는 있다. 하지만 양 쪽 시장 모두에서 성공할 가능성은 별로 없다.

4. 너무 허약한 시장, 즉 거래량이 적거나 활발하지 않은 유동성이 낮은 시장에서 거래하지 마라. 이러한 시장은 변동성이 매우 높아 이를 견뎌낼 정신력이 없다면 자신이 투자 전략을 끝까지 실행해내지 못한 것이다.

5. 항상 자신만의 투자 및 재무 목표를 가지고 시작하라. 금융상품이 자신이 목표를 향해 전진하는 데 어떤 도움을 줄 수 있는지 확실히 알아야 한다.

6. 유행하는 투자 방식을 마냥 따라하지 마라. 투자를 결정할 때 투자 이유가 무엇인지 스스로 명확히 알아야 한다.

7. 실패한 투자는 정리하고 성공한 투자는 그대로 놔둬라.

8. 투자금을 모두 잃을 수도 있으므로 과도하게 거래하지 마라.

9. 뭔가를 알면서 하는 경우가 아니라면, 투자 상품이 하락세일 때 해당 상품을 추가로 매입하는 포지션을 취하지 마라. 그 포지션이 지속적으로 불리하게 작용한다면 신용 거래를 하고 있는 경우 막대한 손실을 입을 수 있다.

10. 미래에 집중하라. 투자를 함에 있어 가장 어려운 부분은 아직 일어나지 않은 일들을 근거 삼아 현명한 결정을 내려야 한다는 것이다. 앞으로 발생할 일들의 예측 수단으로서 과거의 데이터를 이용하더라도, 가장 중요한 것은 미래에 일어날 일들이라는 것을 명심해야 한다.

자주 묻는 질문과 답

1. 상품을 거래한다는 것은 무엇을 의미할까?

상품 거래란 상품 시장을 지켜보다 예측된 추세나 차익거래 기회를 바탕으로 매수나 매입의 포지션을 취하는 행위를 뜻한다.

2. 가장 일반적으로 거래되는 상품은 무엇일까?

가장 일반적으로 거래되는 상품에는 원유, 천연가스, 보일러등유, 설탕, 금, 옥수수, 밀, 콩, 구리, 목화 등이 있다.

3. 상품 시장은 어떻게 작동할까?

상품 시장도 대부분의 시장과 같은 방식으로 작동한다. 다양한 상품을 구매, 판매, 거래할 수 있는 실제 혹은 가상의 시장이다.

4. 상품 시장에 어떻게 투자할까?

상품 관련 주식에 투자하거나 직접 상품을 거래할 수 있다.

5. 상품 거래자는 어느 정도의 수입을 거둘까?

경험이 어느 정도냐에 따라 다르다.

6. 상품 거래자로서 인가받는 방법은 무엇일까?

상품 종류에 따라 다르다. 자세한 사항은 관련 기관에 문의하라.

7. 온라인에서 상품을 거래할 수 있을까?

그렇다. 많은 온라인 거래 플랫폼에서 거래할 수 있다.

8. 온라인에서 상품을 거래하는 것이 안전할까?

오직 믿을만한 전문가, 업체, 거래 플랫폼만을 이용하여 거래한다면 안전하다.

9. 상품 거래의 위험성은 얼마나 클까?

상품 거래는 종종 주식 거래보다 위험성이 더 크다. 이 점을 항상 명심하라.

상품 거래에 관한 속설 파헤치기

1. 상품 거래는 투기업자들이나 하는 일이다.

투기업자는 시장에서 중요한 연결 고리다. 하지만 그들은 거래 상대방이 위험을 피하려는 전략을 쓰고 있기 때문에 효과를 볼 뿐이다. 이러한 시장 참여자들엔 헤저(위험을 피하려는 거래자)나 차익거래자 등이 있을 수 있다. 그들은 효율적인 가격 발견과 가격 위험 관리에 도움이 될 수 있다.

2. 상품을 이해하는 것은 일반인에겐 너무 어렵다.

모든 상품은 전 세계적으로 거래되고 있으며 공급과 수요의 역학 관계는 널리 알려져 있어 일반인 모두 배울 수 있다. 그러므로 상품 거래를 이해하는 것은 배울 의지만 있다면 복잡하지 않다.

3. 상품의 품질에 대한 보장이 없다.

창고로 운송되는 상품이 높은 품질 기준에 부합할 수 있게 대부분의 거래소는 적절한 품질관리대책을 마련해놓고 있다.

4. 상품 시장은 변동성이 너무 높다.

레버리지가 없다면 상품이 주식보다 변동성이 더 높은 것은 아니다. 단 하루만에 30퍼센트까지 등락하는 주식과는 달리, 금속이나 에너지 계약은 하루에 최대 6%까지 오르내릴 수 있다.

5. **상품 거래로 소득을 올리기는 너무 어렵다.**

시장 참여자가 절제 없이 거래하여 탐욕과 두려움에 빠지는 경우에만 해당되는 얘기다.

6. **상품 거래는 순자산이 많은 투자자와 규모가 큰 매매업자들이나 할 수 있는 일이다.**

이는 사실이 아니다. 다른 모든 파생상품 시장과 마찬가지로, 계약 총액의 작은 비율을 지불함으로써 누구든 거래할 수 있다.

7. **상품 인도는 의무적이다.**

금 같은 경우 상품 인도가 의무적이다. 하지만 원유와 금속 같은 경우 거래가 현금으로 이루어지기 때문에 투자자가 인도받을 수 없다.

8. **상품 거래 시장에서 가격을 속이고 조작하는 것은 너무 쉽다.**

거래되는 대부분의 상품은 전 세계적으로 생산되고 소비된다. 그러므로 어떤 개인이나 조직도 쉽게 가격을 조작할 수는 없다.

9. **상품 거래를 시작하려면 많은 돈이 필요하다.**

이는 사실이 아니다. 적은 자금으로도 신용 거래를 이용해 엄청난 레버리지 효과를 발생시킬 수 있기 때문이다.

19

도메인 네임 거래

도메인 네임 거래에는 세 가지 주요 방법이 있다. 첫째, 웹 사이트를 새로 제작하여 괜찮은 가격으로 판다. 둘째, 기존의 웹 사이트를 구매한 후 그대로 구매가에 이윤을 붙여 되판다. 셋째, 웹 사이트를 구매하여 기능을 향상시킨 후 이윤을 남겨 판다. 도메인 거래란 기본적으로 웹 사이트를 사서 되파는 비즈니스다. 큰 이익률로 판매할 수 있는 최상의 도메인을 발견하는 방법만 안다면 이는 꽤 괜찮은 패시브 인컴 수입원이 될 수 있다. 도메인 거래는 오로지 이윤을 남겨 팔 목적으로 웹 사이트를 제작하고 개선시키는 일이다.

당연히 이 분야에서 성공하려면 자신은 웹 개발, 코딩, 그리고 프로그래밍에 대한 지식과 기술을 갖추고 있어야 한다. 또한 빠른 속도로 전문성 있어 보이는 웹 사이트를 구축하는 능력이 있어야 한다.

자신이 제작한 웹 사이트에 관심을 보일만한 잠재적 구매자를 찾으려면 최상위 도메인 거래 웹 사이트에 가입해야 한다. 도메인 및 웹 사이트 판매자와 구매자만을 위해 만들어진 웹 사이트들이 있다. 이러한 도메인 네임 웹 사이트 중 일부는 가입비를 받지만 대부분은 무료로 이용 가능하다. 그러므로 그러한 사이트들을 적극 활용하지 않을 이유가 없다. 가입하여 프로필을 작성한 후 판매하고자 하는 도메인의 목록을 만들어라. 일반적으로 도메인 네임 웹 사이트에서 일정액의 판매 수수료를 가져가는 구조이므로, 이를 고려해 도메인 판매가를 책정해야 한다.

상당수 도메인 네임 거래는 비공개로 진행이 되지만, 일부 공개되거나 알려진 도메인 비용 순위를 보면 다음과 같다.

순위	도메인명	판매금액(원)	거래년도
1	CarInsurance.com	555억	2010
2	Insurance.com	398억	2010
3	VacationRentals.com	391억	2007
4	PrivateJet.com	335억	2012
5	Internet.com	201억	2009
6	360.com	190억	2015
7	Insure.com	178억	2009
8	Fund.com	126억	2008
9	Sex.com	145억	2010
10	Hotels.com	122억	2001
11	Porn.com	106억	2007
12	Porno.com	99억	2015
13	Fb.com	95억	2010
14	Business.com	83억	1999
15	Diamond.com	83억	2006
16	Beer.com	78억	2004
17	Z.com	76억	2014

순위	도메인명	판매금액(원)	거래년도
18	iCloud.com	67억	2011
19	Israel.com	65억	2008
20	Casino.com	61억	2003
21	Slots.com	61억	2010
22	Toys.com	57억	2009
23	AsSeenOnTv.com	57억	2000
24	Clothes.com	54억	2008
25	Medicare.com	53억	2014
26	IG.com	51억	2013
27	Marijuana.com	46억	2011
28	GiftCard.com	44억	2012
29	Yp.com	42억	2008
30	Mi.com	40억	2014
31	AltaVista.com	36억	1998
32	Whisky.com	34억	2014
33	Vodka.com	33억	2006
34	Candy.com	33억	2009
35	Loans.com	33억	2000

도메인 거래 비즈니스에서 성공하려면 트렌드 감시자가 되어야 한다. 이게 무슨 말일까? 웹상의 최신 유행과 흐름이 무엇인지 예의 주시하고 있어야 한다는 말이다. 예를 들어, 'ABC댄싱'이라 불리는 새로운 댄스 열풍이 인터넷을 휩쓸 때, 자신이 만약 트렌드 감시자라면 이 새로운 댄스 트렌드를 가장 먼저 인지한 사람 중 하나가 되어야 한다.

도메인 거래를 시작할 준비가 되었다면 이제 다음 날이나 몇 주 내지는 몇달 후에 수요가 있을지도 모르는 도메인 이름을 등록하기 시작하라. 이름을 무엇으로 짓든 앞을 내다보는 사람이 되어야 한다.

기준별 평가

A. 단순성

도메인을 사고파는 일에만 집중한다면 부수적인 일이 많지 않아 도메인 거래는 상당히 단순한 편이다. 물론 스스로 웹 사이트를 제작한다면 과정이 조금 더 복잡해질 수 있다. ★★★★★★★★☆☆

B. 수동성

웹 사이트를 새로 제작하거나 웹 사이트를 구매해서 기능을 개선한 후 판매를 위해 홍보하는 일은 시간과 비용이 많이 든다. 수동성을 늘리기 위해, 트렌드 연구와 도메인 구매 과정을 문서로 기록한 후 이 작업들을 대신 처리해줄 직원을 고용할 수 있다. 혹은 조사 및 홍보 업무를 외부에 위탁하고 자신은 오로지 구매와 판매에만 집중할 수도 있다. ★★★★★★☆☆☆☆

C. 확장성

도메인 거래는 온라인상에서 가장 확장성 있는 비즈니스 모델 중 하나다. 사이트 구매할 자금만 있다면 하룻밤 사이라도 비즈니스 규모를 상당히 키울 수 있다. 웹 사이트 등 가치 있는 디지털 자산을 더 많이 보유할수록 잠재적으로 더 많은 소득을 올릴 수 있다. ★★★★★★★★★☆

D. 경쟁력

도메인 거래를 하는 사람은 셀 수 없이 많지만 판매용 웹 사이트를 위한 시장은 몇 군데 밖에 없다. 간단히 말해, 경쟁이 치열할 수도 있다.

★★★★☆☆☆☆☆☆

성공을 위한 조언

1. 위험을 감수하라. 도메인 거래는 일종의 도박이다. 이익이 될 만하다고 생각하는 도메인에 대해선 도박 이상의 것을 할 용의가 있어야 한다. 예를 들어, 꽤 괜찮아 보이지만 터무니없이 비싼 판매용 도메인을 우연히 발견했다고 치자. 경험상 그 도메인이 진정 수익성이 있으리라 예상되면, 망설이지 말고 구매하라.

2. 친숙한 틈새분야를 선택하라. 그 분야에 대해 잘 알고 있다면 자신은 어떤 용어와 표현이 그 분야 내에서 인기 있는지 정통할 것이다. 그러한 용어와 표현을 도메인으로 등록하라. 조만간 그 도메인을 사겠다고 누군가 연락해 올 것이다.

3. 도메인 경매 사이트를 방문해서 어떤 종류의 도메인에 수요가 있는지 알아 봐라. 예를 들어, 고대디 옥션(GoDaddy Aution)을 훑어본 후 가장 높은 가격을 받고 있는 도메인이 어떤 종류인지 감을 익혀라.

4. 사용하고 있는 도메인 확장자에 유의하라. 가장 일반적인 세 가지 확장자(.com, .net, .org)에 집중하라. 설사 successfulbusiness.com이라는 도메인 이름이 선점되어 있다 하더라도, successfulbusiness.net이나 successfulbusiness.org는 아직 미등록 상태일 수 있다. 도메인 이름을 짓는 데 창의적이어야 한다.

5. 기간 만료된 도메인 이름을 주의 깊게 봐라. 이는 만료됐지만 원 등록

자가 갱신하지 않은 웹 사이트들이다. 이러한 만료된 도메인은 이미 페이지 랭크(인터넷 검색 엔진에서 웹 사이트 검색 순위를 정하는 알고리즘)와 백링크(특정 도메인의 페이지를 가리키는 외부 도메인의 링크)가 부여되어 있다는 점에서 가치가 있다.

6. 판매용으로 공개하기 전에 양질의 도메인 콘텐츠를 만들어내라. 좋은 콘텐츠는 도메인의 가치와 제시 가격을 두 배, 세 배까지 상승시킬 수 있다. 여러 개의 도메인을 판매하려거든 프리랜스 콘텐츠 제작자를 고용하는 것도 좋다.

7. 틈새분야의 최신 소식, 트렌드, 동향 등에 대해 항상 촉각을 기울여라. 어쩌면 그 분야에서 새롭게 인기를 얻고 있는 용어와 표현이 등장했을지도 모른다. 그러한 용어와 표현을 도메인 이름으로 재빠르게 등록하라. 앞에서 언급한대로, 이는 어느 정도 도박의 성질을 띠고 있다. 하지만 자신이 등록한 도메인에 결국 수요가 생긴다면 매우 남는 장사가 될 것이다.

8. 고대디와 같은 규모가 큰 도메인 등록업체에서 할인이나 혜택이 제공되는지 항상 눈여겨봐라. 이를 이용하여 큰 비용을 절감할 수 있다. 만약 업체가 개당 1,000원에 도메인을 판매하는 프로모션 기간을 제공한다면 바로 뛰어들어 유망한 도메인을 가능한 많이 구매하라. 만약 그 도메인들을 10만원 혹은 그 이상에 판매할 수 있다면 이윤이 얼마가 될지 상상 초월이다.

9. 최상위 도메인 등록업체에 계정을 만들어라. 현재 가장 규모가 큰 도메인 업체에는 네임칩, 블루호스트, 호스트게이터, 고대디, 드림호스트 등이 있다. 각 업체의 프로모션, 할인, 쿠폰 등 여러 혜택을 이용할 수 있기 때문에 이들 업체에 모두 가입해 놓으면 좋다. 가입은 무료이므로 손해 볼 건 없다.

10. 도메인 거래를 진지한 비즈니스로 생각하라. 이를 위해서 비즈니스의 중심 역할을 할 웹 사이트를 제작해야 한다. 자신이 판매하고 있는 모든 도메인을 한 번에 열람할 수 있는 웹 사이트가 있어야 하기 때문이다.

자주 묻는 질문과 답

1. 도메인 거래는 어떤 방식으로 이루어지고 수익화할까?

도메인 거래는 구매 및 판매로 이루어진다. 웹 사이트를 사서 이윤을 남겨 판다. 혹은 새로 제작하여 관심을 보이는 구매자에게 팔면 된다.

2. 어디서 도메인을 사고팔까?

이용 가능한 다수의 도메인 거래 플랫폼이 있다. 여기에는 도메인네임세일즈닷컴, 플리파, 세도, 애프터닉, 이글루, 캑스, 브랜드버킷, 헌팅문, 스냅네임즈, 풀, 고대디 프리미엄 리스팅, 바이도, 언디벨롭, 이베이 등이 포함된다.

3. 도메인 거래를 어떻게 시작할까?

우선, 시작할 만반의 준비가 되어있는지 확인하라. 도메인을 사고팔 수 있는 플리파 같은 온라인 업체에 가입해야 한다. 가입만 하면 확보하고 싶은, 즉 구매 및 판매하고자 하는 도메인들의 목록을 자유롭게 만들 수 있다.

4. 도메인 거래는 여전히 수익성이 있는가?

물론이다. 매일 수많은 개인과 업체들이 좋은 도메인 이름을 찾아 헤매고 있다. 도메인 거래에 성공하기 위해 자신은 최신 트렌드와 발전 방향을 늘 주시하고 있어야 한다. 예를 들어, 새로운 댄스 열풍이 해당 분야를 뜨겁게 달구고 있다고 하자. 만약 영리한 사람이라면, 그 열풍을 묘사하는 용어나 표현을 이용한 도메인을 재빨리 등록하고 웹 사이트를 개설해야 할 것이다.

5. 판매하고자 하는 도메인의 가격은 어느 정도로 책정해야 할까?

도메인 가격 책정 시 고려해야 할 여러 가지 요소가 있다. 그것을 얼마에 구매했는가? 스스로 도메인을 제작했다면 제작비용은 얼마나 소요되었는가? 시간이 지날수록 도메인의 가치가 상승할까? 도메인만 달랑 판매하는 것인가, 아니면 그 안에 담긴 많은 콘텐츠를 함께 파는 것인가? 도메인에 가격표를 붙이기 전 이러한 것들을 고려해야 한다.

6. 판매하려는 도메인을 어떻게 마케팅하고 홍보할까?

검색엔진 최적화, SNS 마케팅, 광고 등 자신이 활용할 수 있는 마케팅 전략은 여러 가지다.

7. 판매할 도메인의 가치를 어떻게 상승시킬까?

콘텐츠를 제작하면 도메인의 제시 가격을 상당히 올릴 수 있다. 안정적인 방문자수를 보유한 웹 사이트를 구축할 수 있도록 틈새분야에 집중하라. 꾸준하고 안정적인 방문자수는 웹 사이트의 가치를 두 배, 심지어 세 배까지 상승시킬 수 있다.

8. 판매용 웹 사이트는 어디서, 어떻게 구매할 수 있을까?

플리파, 이글루, 가비아, 카페24 같은 도메인 거래 웹 사이트에서 구매 가능하다.

9. 웹 개발자가 아니어도 도메인 거래에 성공할 수 있을까?

물론 가능하다. 웹 개발 기술은 웹 사이트를 새로 제작하거나 구매한 웹 사이트를 개선시키는 경우에만 필요하다. 하지만 단순히 웹 사이트를 사고팔기만 하는 경우라면 웹 개발자나 프로그래머가 아니어도 괜찮다.

10. 기간 만료된 도메인을 얼마 동안 보유하고 있어야 할까?

도메인의 영향력과 평가 기준에 따라 다르다. 방문자수가 상당하여, 꽤 괜찮은 도메인이라면 가치를 조금이라도 잃기 전에 가능한 빨리 팔아야 할 것이다.

도메인 거래에 관한 속설 파헤치기

1. **더 이상 구매 가능한 닷컴(.com) 도메인은 없다.**

   사실이 아니다. 열심히 찾아보면, 적절한 가격에 최상위 닷컴 도메인을 발견할 수 있다.

2. **고대디는 현재 최고의 도메인 등록업체다.**

   분명 가장 인기 있는 것은 맞지만 경쟁적 대안업체가 없는 것은 아니다. 더 좋다고는 할 수 없어도 비슷한 수준의 서비스를 제공하는 네임칩 같은 다른 업체들도 있다.

3. **돈 될 만한 도메인은 이미 모두 남의 차지가 되어 있다.**

   이것은 여러 면에서 사실이 아니다. 자신이 충분히 창의적이라면, 철저히 조사해서 아직 등록되지 않은 수익성이 기대되는 도메인을 찾을 수 있다.

4. **한 번에 도메인 이름을 여러 개 등록하는 것은 상도덕에 어긋난다.**

   일부 웹 개발자들은 도메인 거래를 하는 사람들이 이기적이고 탐욕스러운 업자라고 생각한다. 하지만 이는 사실이 아니다. 도메인 거래는 하나의 비즈니스다. 시장이 존재하므로 도메인을 사고파는 비즈니스에 몸담고 있는 것뿐이다.

5. **닷컴 도메인은 덜 알려진 확장자(co, org, net 같은)를 사용하는 도메인보다 더 높은 검색 순위를 차지한다.**

도메인 확장자가 웹 사이트 검색 순위에 분명 영향을 미치기도 하지만 그런 경우는 드물다. 웹 사이트의 가치와 검색 순위를 결정하는 가장 중요한 요인은 콘텐츠의 질이다.

6. **도메인 거래는 몇 주 만에 터득할 수 있다.**

도메인 거래는 도메인이나 웹 사이트를 단지 사고팔기만 하면 되는 것이 아니다. 어떤 도메인이 돈이 될 만한지 알아볼 수 있는 경험뿐 아니라 배경지식도 가지고 있어야 한다. 배우고 익히는 데 시간이 걸리는 일이다.

7. **도메인 거래로 돈 벌기 쉽다.**

전혀 사실이 아니다. 냉엄한 현실을 말하자면, 도메인 거래를 하는 대다수의 사람들은 이 비즈니스로 그렇게 많은 돈을 벌지 못한다. 오직 소수만이 노력으로 전업에 준하는 수입을 얻고 있다. 초심자들을 낙담시키려는 게 아니다. 만약 도메인과 웹 사이트를 되파는 이 일을 시작하려 한다면 얼마나 벌 수 있을지 현실적으로 감을 잡길 바라는 마음에서 하는 말이다.

8. **웹 사이트를 만들어 놓으면 도메인 구매자들이 찾아오기 시작할 것이다.**

물론 어느 정도 맞는 말이다. 다만 자신이 훌륭한 웹 사이트를 만들 수 있다는 전제가 필요하다. 하지만, 일단 만들어 놓으면 고객이 알아서 찾아올 거라는 속설은 정확히는 맞는 말은 아니다. 잠재적 도메인 구매자를 유도하기 위해서는 마케팅과 홍보가 상당히 필요하다.

9. **도메인 거래는 사기와 해킹에 안전하다.**

이는 사실이 아니다. 다른 온라인 비즈니스 모델과 마찬가지로 도메인 플리핑도 사기와 해킹 관련 문제를 가지고 있다. 해커들이 도메인 거래 웹 사이트 계정을 해킹한 후, 정성들여 등록하고 제작한 사이트들을 훔쳐갈 수 있다.

10. **결국 SNS 프로필이 도메인 이름을 대체하게 될 것이다.**

마케팅 및 광고 산업에 종사하는 많은 사람들이 SNS의 영향력이 점점 강해짐에 따라 사이트를 따로 개설하기 보다는 SNS 활동에 주력해야 하는 게 아닌가 하고 우려하고 있다. 하지만 이런 일은 쉽게 일어나지 않을 것이다.

20

리츠 - 부동산 펀드

부동산 투자 중에서도, 특히 추후 상품가치를 높인 임대용 부동산은 패시브 인컴을 창출하는 가장 완전한 방법 중 하나이다. 임대수입은 패시브 인컴의 가장 일반적인 사례다.

부동산이 좋은 점은 투자 방식이 다양하기 때문이다. 대지를 구입하고 그 위에 건축물을 지어 그것을 임대할 수 있다.

부동산 투자의 번거로움을 줄여 더욱 패시브인컴으로 만들기 위해서는 부동산 투자 신탁인 리츠(REITs)에 투자하면 된다. 리츠는 기본적으로 수입을 창출하는 다양한 부동산을 소유 및 운용하고, 그에 투자하는 기업이다. 리츠가 소유하고 운용할 수 있는 부동산의 예로는 빌딩, 아파트, 창고, 병원, 쇼핑몰, 호텔, 모텔 등이 있으며, 심지어 산림지역도 포함된다. 리츠에 투자하기 위해서는 주식이 공개 거래되는 기업을 찾아야 한다. 먼저, 지분을 매입해줄 믿을만한 증권 전문가를 찾아라. 또한 비상장 리츠의 주식을 매입할 수도 있다.

기준별 평가

A. 단순성

부동산, 특히 부동산 투자 신탁에 투자하는 일은 매우 복잡할 것이다. 리츠를 분석하여 투자를 결정하는 방법을 이해하기 위해 공부해야 한다. 멘토를 찾아 함께 일하면 학습 과정을 단축할 수 있다.

★★★★★☆☆☆☆☆

B. 수동성

부동산 투자의 좋은 점은 자신이 버는 수입의 대부분이 수동적이라는 것이다.

★★★★★★★★★☆

C. 확장성

수입의 규모를 키우려면 더 많은 부동산에 투자하면 된다.

★★★★★★★☆☆☆

D. 경쟁력

부동산은 가장 경쟁적인 업종 중 하나다.

★★★☆☆☆☆☆☆☆

성공을 위한 조언

1. 리츠 투자에 대한 세법규정과 이를 잘 이용하는 방법을 이해하기 위해 회계 및 세무전문가를 곁에 둬라.

2. 리츠의 여러 유형에 대해 파악하라. 투자를 다각화하는 리츠가 일부 있긴 하지만, 대부분은 한 가지 부동산 유형에 특화되어 있다. 일반적인 투자 전문 분야에는 소매, 의료, 산업, 주거, 호텔 등이 포함된다.

3. 리츠를 평가할 때 사용할 기준들을 바로 알아라. 가장 처음 배워야 할 평가기준은 '진짜 이익'을 대변하는 운영자금이다. 이는 순이익에 감가상각이라는 요소를 다시 더하는 등 몇 가지 조정을 통해 리츠의 수익과 배당금 지불능력이 어느 정도인지 정확히 보여준다. 이밖에 알아야 할 다른 중요한 평가기준에는 부채보상, 순자산 가치, 내재 가치 등이 있다.

4. 관련된 위험 요소를 파악하라. 이자율이 큰 위험 요소 중 하나인데, 이자율이 높을수록 리츠의 하락 압력이 가해지는 경향이 있기 때문이다.

5. 좋은 신용 보고서를 유지하라. 이는 앞으로의 투자를 위해 매우 유용하며 비용을 많이 절감시켜줄 것이다.

6. 차입금으로 과도하게 투기하지 마라. 자신이 오랜 기간 성공적이었다 하더라도 모든 임대 부동산이 저당 잡혀있다면 파산할 수도 있다. 적

절한 대차균형을 유지하고 예상보다 길어지는 불균형이 있다면 찾아내라. 그렇지 않으면 현금흐름에 잠시 문제가 생기는 정도로 끝나지 않을 것이다.

7. 새롭게 부상하는 동네에서 임대 부동산을 찾아라. 새롭게 부상하는 동네란, 돈 있고 영향력 있는 사람들이 모여드는 도시의 특정 구역을 말한다.

8. 투자를 다각화하라. 광범위한 지역에 걸친 투자는 투자방식을 한층 더 다각화해서 지역 시장의 변동성에 영향 받지 않도록 도와줄 것이다.

9. 리츠 수익 창출을 목적으로 포트폴리오를 과하게 채우지 마라.

10. 상장된 리츠에 투자하라. 비상장 리츠도 괜찮지만 상장 기업에 투자할 경우 성공 가능성이 더 크다. 또한 시장이 더 유동적이어서 필요한 경우 쉽고 빠르게 현금으로 전환할 수 있다. 이러한 점에서 상장된 리츠가 더 매력적인 투자처다.

자주 묻는 질문과 답

1. 리츠란 무엇일까?

소유한 부동산으로 수익을 창출하여 주주들에게 배분하는 기업이다.

2. 리츠의 유형에는 어떤 것들이 있을까?

리츠는 종종 두 가지 범주, 즉 지분형 리츠와 저당 채권형 리츠, 둘 중 하나에 속한다.

3. 리츠는 어떤 종류의 부동산을 소유하고 운용할까?

저장 시설, 자료 보관소, 산림지, 쇼핑몰, 호텔, 사무용 빌딩, 아파트, 창고, 주택, 의료 시설, 쇼핑센터 등이 포함된다.

4. 누구든 리츠에 투자할 수 있을까?

대체로 그렇다. 어떤 종류의 개인 투자자든 주식 매입이 가능하다. 하지만, 특정 나이 이상이 되어야 자격이 주어지는 경우도 있다.

5. 리츠 투자의 이점은 무엇일까?

리츠는 고배당과 자산 가치 상승에 대한 잠재력을 제공한다.

6. 리츠는 주주들에게 얼마를 지급할까?

사정에 따라 다르겠지만, 리츠는 법에 따라 운용 수익의 90% 이상을 주주들에게 지급해야 한다.

7. 리츠의 수익금은 과세 대상일까?

보통 수익의 90%를 주주에게 배분하는 리츠는 소득세 면제 대상이다. 하지만, 이 부분이 적용되는지 확인하기 위해 금융 전문가에게 문의하길 권장한다.

8. 리츠 투자를 어떻게 시작할까?

금융컨설턴트에게 연락하라. 자세히 안내해줄 것이다.

9. 내 포트폴리오에 왜 리츠를 포함시켜야 할까?

자신의 투자 방식을 다각화하고, 집이나 화장실 수리 같은 그다지 내키지 않는 일을 하지 않고도 부동산 투자를 경험할 수 있는 좋은 기회이기 때문이다.

10. 리츠가 지급하는 배당금은 모두 리츠의 수익에서 파생될까?

아니다. 때때로 리츠는 자본의 일부를 주주들에게 분배한다.

부동산과 리츠에 관한 속설 파헤치기

1. **임차인은 모두 문제가 많다.**

   이는 사실이 아니다. 임대신청서를 꼼꼼히 검토하고 추천서와 이전 건물주의 평가를 확인하고 고용상태를 조회해서 신중히 선별한다면, 대체로 좋은 임차인을 만나게 될 것이다.

2. **대지는 무한하다.**

   그 반대다. 대지는 한정된 자원이고, 그렇기 때문에 가치가 있다. 위치가 좋다면 더더욱 그렇다.

3. **모든 도급업체는 도둑 심보를 가지고 있다.**

   이 또한 사실이 아니다. 매입한 주택들을 제대로 복원시켜주고자 하는 평판 좋은 도급업체들이 존재한다. 하지만 그러한 작업을 하기 위해 도급업체들은 자격을 갖추고 있어야 한다. 면허를 소지하고 있는지, 보험 가입이 되어 있는지 확인해야 하고, 믿을만한 사람으로부터 소개받아야 한다. 또한 계약서상에 꼼꼼하게 모든 걸 기록으로 남겨야 한다.

4. **세무서 직원은 세금 거두는데 혈안이 되어 있다.**

   세금은 항상 정확히 납부하되 그 이상은 신경 쓸 필요 없다. 이런 부분에 대처하기 위해 세무사나 변호사의 자문을 받으며 일하는 것이 좋다.

5. **리츠를 사고파는 것은 어렵다.**

   자신이 충분히 공부하여 해당 업계와 경제상황이 그에 미치는 영향에 대해 제대로 이해하고 있다면, 언제 매수하고 매도할지 결정하는 것은 그렇게 어렵지 않다.

6. **리츠를 소유하는 것은 수고로운 일이다.**

반드시 그렇지는 않다. 어떤 리츠에 투자할지 결정하기 위한 초기 조사는 어려운 일일 수 있다. 하지만 초반의 어려운 부분이 끝나고 나면 이 투자에서 발생하는 수입은 매우 수동적이다.

7. **리츠 투자자와 달리 부동산 소유자는 월마다 수입을 거둔다.**

부동산 소유자가 다 그런 것은 아니다. 연 단위로 수입을 거두는 경우도 있다.

8. **리츠의 투자 대상은 공장, 쇼핑몰, 사무실에 한정되어 있다.**

그렇지 않다. 저장 시설, 의료 시설 등도 소유할 수 있다.

9. **비용이 최소로 드는 부동산 중개인이 가장 좋다.**

가장 좋은 중개인은 최고의 경험, 지역 시장 내 관계망, 비범한 협상 기술과 강력한 구매자층을 확보하고 있는지 여부로 판단한다. 이러한 자격 요건은 쉽게 갖춰지는 게 아니다.

10. **금융관련 학위와 폭넓은 부동산 경험을 갖춘 자만이 리츠에 투자할 수 있다.**

과정을 제대로 배우고 이해할 의지가 있다면 누구든 성공적인 부동산 투자자가 될 수 있다. 학위는 필수 조건이 아니다.

21

배당금 투자

　배당금을 지급하는 주식에 투자한다면 시간이 지남에 따라 보상으로 돌아올 것이다. 배당주식이 좋은 점은 꾸준하게 이익금을 지급해 준다는 것이다. 이렇게 되면 추가 주식을 매입하기 위해 배당금을 기업에 재투자할 기회가 생긴다. 배당주식의 대부분은 성숙하고 안정적인 기업의 재정상태를 보여준다. 이는 해당 기업의 주가가 꾸준히 상승할 것이고, 따라서 주주들에게 주기적으로 배당금을 지급할 수 있다는 걸 의미한다.

　배당금을 지급하는 기업들은 또한 시장 전반보다 대체적으로 더 안정적이고 변동성이 적다. 따라서 배당금을 지급하지 않는 기업, 그리고 변동성이 큰 주가 움직임을 보이는 기업에 비해 위험도가 낮다. 배당주식에 투자하는 것은 장기적으로 부를 창출하고 싶어하는 젊은층이나 퇴직 후 안정적인 수입원을 만들고자 하는 노년층에게 훌륭한 투자처다.

배당주식에 투자할 때 매우 중요한 이점은 바로 복리 효과다. 이는 창출된 수익을 기업에 재투자하는 관행을 뜻한다. 배당금 복리 효과는 기업으로부터 추가 주식을 매입하기 위해 배당금을 재투자할 때 발생한다.

기준별 평가

A. 단순성

이번에 다루려고 하는 것은 주식이다. 그러므로 주식 시장의 작동 방식에 대한 기초 지식을 갖추고 있어야 한다. ★★★★★★☆☆☆☆

B. 수동성

주식 배당금으로 버는 수입의 거의 전부가 패시브 인컴이다.

★★★★★★★★☆☆

C. 확장성

수입의 규모를 키우려면, 더 많은 주식을 매입하거나 더 많은 주식을 매입하기 위해 배당금을 사용하면 된다. 혹은 두 가지 방법을 다 사용할 수도 있다.

★★★★★★★☆☆☆

D. 경쟁력

경쟁은 거의 없다. 왜냐하면 경쟁자들은 자신이 주식 배당금으로 버는 수익의 크기에 영향을 미칠 수 없기 때문이다. ★★★★★★☆☆☆☆

성공을 위한 조언

1. 가능하다면 성장성, 안정성, 수익성에 대한 증명된 기록이 있는 우량 기업에만 투자하라.

2. 배당 이력을 기준으로 순위를 매겨 어떤 주식에 투자할지 선택하라. 어떤 기업의 배당금 지급이 몇 년 동안 꾸준히 성장해왔다면 좋은 투자처가 될 가능성이 높다.

3. 주주에게 1주 당 가장 많은 배당금을 지급하는 기업에 투자하라.

4. 배당이율에 따라 주식 순위를 매겨라. 과거 10년간의 평균 평가배수 이하로 거래해온 기업을 찾아라.

5. 수익의 전부를 배당금으로 주주들에게 지급하는 기업에 속지마라. 단기적으로는 좋아 보이지만 안전마진이 없는 기업이다. 즉, 투자하기에 너무 위험하다.

6. 꾸준한 성장 이력을 보여준 기업에 투자하라. 10년간 성장세를 유지해왔다면 그 기업은 앞으로도 몇 년간 그러한 성장을 유지할 가능성이 높다.

7. 경기 불황과 침체의 시기에 사람을 끌어들이는 기업에 투자하라. 이러한 기업은 보통 어려운 시기에도 안정성이 있다.

8. 실제 가치보다 더 비싸게 주식을 매도할 수 있다면 충분한 수익을 거둘 것이다. 그 수익금을 배당률이 더 높은 회사에 재투자하라.

9. 종종 기업이 배당금을 줄일 때가 있는데, 이는 위험신호다. 현금으로 전환해서 그 기업에 대한 투자에서 빠져나오는 방법을 고려해봐야 한다.

10. 다각화하고, 다각화하고, 또 다각화하라. 투자를 분산하는 것은 배당금 투자에 있어 여전히 최고의 전략 중 하나다.

배당금 투자에 관한 속설 파헤치기

1. 배당금 투자는 은퇴자들이나 하는 것이다.

분명 배당금 투자는 노년층에게 매우 매력적인 투자 방식이다. 일반적으로 고령자들의 투자 목표가 소득 창출과 자본 보존에 있기 때문이다. 하지만 젊은 투자자들 또한 배당주식의 이점을 원한다. 비록 그들의 포트폴리오 가치가 노년층에 비해 크진 않더라도 충분히 매력적이다.

2. 배당금 투자는 안전한 투자 유형이다.

투자 자체가 일반적으로 위험성을 내포한다. 언제나 돈을 잃을 위험이 따른다. 하지만 상대적으로 좀 더 안전한 투자 유형이 있는데, 배당금 투자도 여기에 해당된다.

22

수익 예금 가입

고수익 예금이란 보통 예금에 비해 훨씬 더 높은 이자율을 보장해 주는 은행 예금이다. 금리가 높기 때문에 때때로 고금리 예금이라고도 불린다. 보통 예금의 금리는 일반적으로 1% 이하인 반면, 고수익 예금의 금리는 1%에서 4% 사이이다. 이자율의 차이가 상당하다. 현금으로 전환하면 은행 계좌로 들어오는 진정한 패시브 인컴이 된다.

'은행이 어떻게 그렇게 높은 예금 금리를 감당할 수 있을까?' 라고 물을지도 모르겠다. 당연히, 자신이 고수익 예금에 돈을 예치할 때 은행 측에도 남는 게 있다. 예를 들면 월 계좌 유지비를 지불해야 할 수도 있고, 최소 예치금을 유지해야한다는 추가 요구조건이 있을 수도 있다. 은행도 자신들의 이익을 보호해야 한다. 하지만, 이러한 추가 요금이나 요구조건이 자신이 고수익 예금으로 거두는 추가 소득을 완전히 상쇄하진 않는다.

고수익 예금을 제공하는 많은 은행들이 인터넷 뱅크라는 점을 이

쯤에서 언급해야겠다. 인터넷 뱅크가 훨씬 더 높은 이자율을 제공할 수 있는 주요한 이유는 그들은 물리적인 은행지점을 개설하고 새로운 인력을 고용하는 데 자금을 들여야 하는 부담이 없기 때문이다.

기준별 평가

A. 단순성

은행에 돈을 예치하는 과정 자체는 매우 쉽다. 가장 어려운 부분은 가장 큰 이익을 가져다 줄 예금 유형을 찾는 것이다.

★★★★★★★★☆☆

B. 수동성

고수익 예금으로 거두는 추가 이익은 대부분 패시브 인컴이다.

★★★★★★★★★☆

C. 확장성

수익의 규모를 키우려면, 계좌에 돈을 더 많이 예치하거나 다른 은행에 계좌를 더 개설하면 된다.

★★★★★★☆☆☆☆

D. 경쟁력

고수익 예금 계좌를 개설할 때 누군가와 경쟁할 필요는 없다.

★★★★★★★★★★

성공을 위한 조언

1. 자신의 고수익 예금이 예금자보호법에 의해 보호되는지 반드시 확인하라.

2. 추가 요금이 발생하지 않는 예금을 찾아라. 추가 요금에 의해 추가 이익이 상쇄된다면 높은 이자율은 아무 의미가 없다.

3. 염두에 두고 있는 은행의 고수익 예금이 진정 가치가 있는지 확인하라. 이를 위해, 해당 예금 계좌를 이용해본 적 있는 사람들의 평가와 의견을 읽어봐야 한다.

4. 최소 예치금 요구조건에 대해 알아봐라. 요구조건을 충족하지 못한다면 요금이 부과될 것이다.

5. 초기 예치금을 요구하는지 물어라. 일반적으로 초기 예치금을 더 적게 요구하는 은행을 찾아봐야 한다.

6. 선전용 이자율에 속지마라. 이는 은행이 고수익 예금을 광고하기 위해 제공하는 이자율이며, 때때로 특정 홍보 기간 동안만 적용된다. 즉, 적용 기간이 일시적이라는 뜻이다.

7. 가장 좋은 거래를 찾기 위해 시간을 들여 여러 예금 상품에 대해 알아봐라.

8. 인터넷 뱅크를 알아봐라. 인터넷 뱅크는 대체적으로 간접비용이 많이 발생하지 않기 때문에 고수익 예금을 제공할 수 있다.

9. 금융 컨설턴트의 조언을 구하라. 예금 계좌에 정통한 사람의 조언을 구하는 것은 언제나 좋은 생각이다.

10. 안정적이고 탄탄한 은행에만 돈을 맡겨라. 그러면 위험 요소가 줄어들 것이다.

CHAPTER

03

임대 수입

23   자동차 빌려주기

24   의상 빌려주기

25   자전거 빌려주기

26   주차장 빌려주기

27   창고 임대

28   에어비앤비로 미사용 공간 임대

29   고가의 장비 구입 및 대여

23

자동차 빌려주기

　자신에게 거의 사용하지 않고 놔두는 차가 있는가? 있다면 그냥 내버려두지 말고 그 차를 대여해서 돈을 벌어보는 것은 어떤가? 이는 몇몇 업체가 최근 시도해보고 있는 비즈니스 모델이다. 이 비즈니스 모델은 간단하다. 업체에 가입해 프로필을 작성한 후 자신의 차를 목록에 올리는 것이다. 목록에 올릴 때 자동차 모델, 연식, 이용 가능 날짜, 시간 당 대여료 등 관련정보를 함께 올려야 한다. 차의 내부 및 외부 사진도 첨부해야 한다. 임대인인 자신과 관심을 보이는 임차인 사이의 소통 방식은 회사가 제시한 시스템에 따라 달라진다.

　기본적인 절차는 이렇다. 웹 사이트의 대여 목록에 나의 자동차를 올린 후 누군가 그것을 빌리고 싶어 한다면 자신은 알림이나 통지를 받게 된다. 그 다음 임차인에게 차량을 인수받을 수 있는 장소와 시간을 알려준다. 물론, 거래 중개업자인 대여 업체가 자신이 거두는 수익의 일정 비율을 수수료로 가져간다. 이런 식으로 그들은 수익을 창출한다.

이러한 서비스를 이미 제공하고 있는 업체들은 차량 소유주와 임차인 간 거래를 관리하는 방식에 있어 서로 차이를 두고 있다. 자신에게 알맞은 업체를 선택할 수 있게 시간을 들여 각 업체의 절차와 방식을 검토해봐야 한다.

기준별 평가

A. 단순성

이 비즈니스는 매우 단순하다. 해당 서비스를 제공하는 업체에 가입하여 자신의 차량을 목록에 올리면 된다. ★★★★★★★★★☆

B. 수동성

차량 임대로 버는 수입의 대부분이 패시브 인컴이다.

★★★★★★★★☆☆

C. 확장성

규모를 키우려면 아마 차 한 대를 더 사야할 텐데, 이 방법은 경제적으로 실용적이지 않을 수도 있다. ★★★★★☆☆☆☆☆

D. 경쟁력

이 비즈니스 모델은 아직 그다지 인기를 얻고 있는 것은 아니기 때문에 경쟁에 대해선 크게 걱정할 필요가 없다. ★★★★★☆☆☆☆☆

성공을 위한 조언

1. 제대로 된 업체를 선택하라. 가입하기 전 자신이 사는 지역에서 이들 중 어떤 업체를 이용할 수 있는지 반드시 확인하라.

2. 등록한 차량을 가능한 상세히 설명하라. 차량의 모델, 브랜드, 색상 등 중요한 정보를 빠짐없이 기재하라. 만약 차에 어떠한 문제라도 있다면 그에 대한 정보 또한 설명에 넣어야 한다.

3. 차량을 대여하기 전 꼼꼼하게 세차하라. 더럽고 냄새나는 차를 빌리고 싶은 사람은 아무도 없다.

4. 고품질의 자동차 사진을 게재하라. 사람들은 겉모습을 보고 판단한다. 자신이 가진 것이 오직 저화질의 조잡한 사진뿐이라면 아무도 차량에 관심을 보이지 않을 것이다.

5. 대여업체와 임차인 양 쪽 모두에게 불필요한 문제를 야기하지 않도록 목록에 올리기 전 차량이 정상적으로 작동하는지 반드시 확인하라.

6. 마케팅에 최대한 집중하라.

24

의상 빌려주기

옷장을 열어봐라. 상태는 완벽한데 자주 입지 않는 옷이 있는가? 그러한 옷이 있을 때 옷장에서 꺼내 모르는 누군가에게 빌려주고 약간의 현금을 부수입으로 얻을 수 있다고 말해준다면 믿겠는가? 사실이다. 요즘 사용하지 않는 옷을 완전한 타인에게 대여해주는 업체들이 있다. 패션계의 에어비앤비라고 생각하면 된다. 비록 업체마다 차이점은 있지만, 비즈니스 모델은 서로 유사하다. 빌려줄 옷을 가진 사람과 그것들을 빌리고 싶어 하는 사람 사이의 중개 역할을 하는 것이다.

예를 들면, 자신에게 돈을 받고 빌려주고 싶은 옷이 많다고 가정해보자. 우선 의상대여 업체에 회원 가입한다. 사용하지 않는 옷들의 사진을 찍어 사이트에 업로드한 후 대여료를 기재하여 '목록 생성' 버튼을 클릭한다. 누군가가 그 옷들 중 하나를 빌려 입고 싶어 한다. 고객이 마침내 자신의 옷을 대여 받으면 거래가 완료된다. 옷을 인수하려면 고객을 직접 만나거나 주소지로 배송하면 된다. 그러면 끝난다.

기준별 평가

A. 단순성

비즈니스 모델은 매우 단순하다. 대여업체에 가입하여 자신의 옷을 목록에 올리고 고객을 기다리면 된다. ★★★★★★★★★☆

B. 수동성

자신은 대여료를 받고 있지만 그만큼 시간을 소비하는 일이 아니기 때문에 대부분의 수입이 패시브 인컴에 해당한다.

★★★★★★★★★☆

C. 확장성

비즈니스의 규모를 키우려면 내여 목록에 더 많은 옷을 추가하기만 하면 된다. ★★★★★★★★☆☆

D. 경쟁력

사람들은 보통 자신의 옷을 타인에게 빌려주는 것에 민감해하기 때문에 의상 대여를 하는 사람이 많지 않다. 즉, 경쟁이 덜하다는 뜻이다.

★★★★★☆☆☆☆☆

성공을 위한 조언

1. 자신의 대여 목록에 가능한 상세한 설명을 제공하라. 특히 여성 의류를 대여한다면 이는 더욱 중요하다. 여성들이 주로 질문을 많이 하기 때문이다. 옷에 대한 상세한 설명을 미리 제공하면 질문에 응답하는 시간을 많이 줄일 수 있다.

2. 모든 옷의 상태가 훌륭한지 확인하라. 작은 트임만으로도 고객을 실망시킬 수 있다.

3. 대여료를 합리적으로 책정하라. 일반적으로 대여료는 주로 의류 구매 가격에 따라 책정된다.

4. 속옷과 수영복은 의류 대여 서비스에서 절대 반기지 않는 품목이다. 그 이유는 다들 알 것이다.

5. 가장 보기 좋은 옷들만 대여 목록에 올려라. 입지 않는 옷이 50장 있다고 해서 그 모두를 목록에 올리라는 뜻이 아니다. 대여를 위해 내놓기 전에 수요가 있을지 생각해봐야 한다. 대여 목록을 너무 많이 올려놓으면 자신의 프로필이 지저분해질 수도 있다.

25

자전거 빌려주기

자주 사용하지 않는 자전거를 가지고 있는가? 가지고 있다면, 약간의 부수입을 위해 자전거 대여를 고려해 봐야한다. 그렇다고 옆집 문을 두드리고 자신의 자전거를 빌릴 의향이 있는지 물어보라는 의미는 아니다. 자신의 자전거를 대여 목록에 추가할 수 있는 합법적인 온라인 업체에 가입하라는 뜻이다. 자신의 자전거를 대여하고 싶은 사람이라면 누구든 그것을 예약할 수 있다. 그 다음 자전거 인수 방법과 장소를 임차인과 상의해 결정하면 된다.

유사한 자전거 대여 서비스를 제공하는 업체들이 몇 군데 있다. 이러한 업체들은 고객과의 계약 조건이나 비즈니스 관리 방식에서 차이가 있을 수는 있지만, 비슷한 비즈니스 모델을 따른다. 이들 모두 자전거를 대여 목록에 올릴 수 있는 플랫폼 역할을 한다.

기준별 평가

A. 단순성

자전거 대여 업체에 가입하는 것은 번거롭지 않고 쉽다.

★★★★★★★★☆☆

B. 수동성

대여로 버는 수입의 대부분이 패시브 인컴이다.

★★★★★★★★☆☆

C. 확장성

규모를 키우려면, 더 많은 자전거를 대여하면 된다.

★★★★★★☆☆☆☆

D. 경쟁력

인구밀도가 높은 도심 지역에선 경쟁이 치열할 수 있다.

★★★★☆☆☆☆☆☆

성공을 위한 조언

1. 임차인의 관심을 끌기 위해 액세서리도 거래에 포함시켜라. 예를 들어, 자전거를 빌리면 헬멧과 자전거용 조명이 함께 따라오는 식으로 다양화하라.

2. 대여용 자전거 목록에 가능한 상세한 설명을 덧붙여라. 자전거의 모델, 브랜드, 색상 등 중요한 정보가 설명에 기재되어야 한다. 자전거에 어떤 문제라도 있다면 이에 대한 정보 역시 설명에 포함시켜야 한다.

3. 대여하기 전에 자전거를 꼼꼼히 체크하고 세척하라. 지저분하고 고장 난 자전거를 빌리고 싶은 사람은 아무도 없다.

4. 고품질의 자전거 사진을 게재하라. 사람들은 외양을 보고 자전거의 상태를 판단한다. 자신이 가진 것이 저화질의 조잡한 자전거 사진뿐이라면 그것을 빌리고 싶어하는 사람은 아무도 없을 것이다.

5. 대여 업체와 임차인 모두에게 불필요한 문제를 야기하지 않도록 대여하기 전 자전거가 정상적으로 작동하는지 반드시 확인하라.

26

주차장 빌려주기

자신이 사는 동네만 살펴봐도 주차할 빈 공간을 찾고 있는 사람이 많을 것이다. 그들은 차고가 없거나, 있더라도 공간이 충분치 않은 경우일 것이다. 사람들이 겪는 주차문제로 자신이 돈을 벌 수 있는 방법은 두 가지다. 그들과 직접 거래해서 자신의 빈 차고나 주차공간을 이용하는 빈도에 따라 시간 혹은 월 단위로 이용료를 청구할 수 있다.

두 번째 방법은 차고나 주차공간을 빌리고자 하는 사람을 자신에게 연결해주는 업체를 이용하는 것이다. 이 업체의 웹 사이트에 자신의 빈 차고나 기타 주차 공간을 대여하는 광고를 게재할 수 있다. 이용료를 얼마 청구할지는 차고지 소유자 자신이 결정한다.

기준별 평가

A. 단순성

자신이 할 일은 위에 언급된 사이트나 앱에 들어가 자신의 빈 차고나 주차공간을 대여 목록에 올리는 것뿐이다.

★★★★★★★★☆☆

B. 수동성

이 비즈니스로 버는 돈은 대부분 패시브 인컴이다.

★★★★★★★★★☆

C. 확장성

비즈니스 규모를 키우려면 더 많은 빈 차고나 주차공간이 필요하다.

★★★★★☆☆☆☆☆

D. 경쟁력

대부분의 이러한 서비스는 아직 대중들에게 잘 알려져 있지 않다. 그러므로 걱정할 만큼의 경쟁은 없다.

★★★★★☆☆☆☆☆

성공을 위한 조언

1. 여러 사이트에 자신의 빈 차고나 주차공간을 대여하는 광고를 게재하라.

2. 광고 시 주차공간에 대한 설명이 아주 중요하다. 가능한 상세한 특성을 나열하라.

3. 잠재적 고객을 놓치지 않도록 주장 공간을 이용할 수 있는 시간이나 날짜에 대해 바로바로 업데이트할 수 있는 사이트를 찾아라.

4. 페이스북이나 인스타그램 같은 SNS 사이트에 자신의 주차공간을 홍보하라. 주차 공간 대여는 지역 기반 비즈니스라는 걸 항상 기억하라. 즉, 대부분의 고객이 자신이 사는 동네의 주민일 것이라는 뜻이다.

5. 자신의 주차공간에 무엇을 주차할 수 있는지 제한을 뒤라. 제한 규정이 없다면 일부 고객들은 자신의 차고를 주차 목적이 아니라 창고 시설로 용도 변경해 사용할지도 모른다.

27

창고 임대

개인 창고시설을 소유하는 것은 수익성 있는 투자인데, 사람들이 좀처럼 사용하지 않는 물건들을 쌓아두는 오늘날엔 더더욱 그렇다. 점점 더 많은 사람들이 물건을 저장할 수 있는 공간을 찾고 있다. 알려진 바에 따르면, 개인 창고 및 소형 창고의 평균 수익률은 11퍼센트이다. 이 정도면 가장 수익성 높은 소형 비즈니스 중 하나라고 자신있게 얘기할 수 있다.

창고 시설을 수익화하는 방법은 여러 가지다. 그 중 일부를 소개하자면 다음과 같다.

1. 임대료 청구
2. 세입자 보험 제공
3. 경매 개최
4. 부가적인 판매 기회 창출
5. 이사 업체와 제휴
6. 차량 보관소 설치
7. 자동판매기 추가
8. 광고 공간 대여
9. 우편함 제공

유휴지나 유휴 공간이 있다면 당연히 그 위에 창고시설을 짓는 것을 고려해봐야 한다. 그로부터 수익원을 창출할 수 있는 방법은 아주 많다. 필요한 초기 자본은 상당하지만 유지보수비용은 많이 들지 않는다. 주로 보안과 관리비에 지출이 발생하며 그 밖의 유지비는 잡비에 해당한다.

기준별 평가

A. 단순성

창고 시설 임대업을 개시, 운영, 유지하는 것은 어렵고 복잡하다.

★★★★★★☆☆☆☆

B. 수동성

창고 시설 운영으로 거두는 수익의 상당 부분이 패시브 인컴이다.

★★★★★★★★☆☆

C. 확장성

규모를 키우려면 더 많은 저장실을 추가하거나, 다른 위치에 별도의 창고 시절을 지어야 한다. ★★★★★★★★☆☆

D. 경쟁력

앞에서 언급했듯, 저장 공간을 찾는 사람들이 많아지면서 창고업을 시작하는 사업가도 늘어나고 있다. ★★★★☆☆☆☆☆☆

성공을 위한 조언

1. 고객을 위해 여러 가지 보안 장치를 제공하라. CCTV 카메라 설치는 기본이다. 자신의 저장시설에 보관된 모든 물품의 안전을 보증하기 위해 무엇이든 하라.

2. 직원들을 교육하라. 고객을 응대하는 방법, 보관 물품을 다루는 방법, 재난에 대처하는 방법을 가르쳐야 한다.

3. 사업 운영에 있어 책임감의 분위기를 조성하라.

4. 지역 신문, 방송, 라디오에 자신의 비즈니스를 광고하라.

5. 해당 지역의 사람들을 대상으로 하는 온라인 마케팅 계획을 수립하라.

6. 고객 서비스 및 만족도를 높이기 위한 보험 옵션을 제공하라.

7. 잠재 고객이 자신의 비즈니스와 서비스에 대해 필요한 모든 정보를 찾아볼 수 있도록 웹 사이트를 개설하라.

8. 지역의 다른 업체들과 협력관계를 맺어라. 그들이 물품을 저장할 때 합리적인 대여료를 제시하라.

9. 충성도가 가장 높은 고객들에게 할인 혜택을 제공하라.

10. 잠재고객이 자신의 창고 시설을 방문하여 둘러보며 직접 확인할 수 있도록 허용하라.

• MEMO •

28

에어비앤비로
미사용 공간 임대

　자신의 주택이나 아파트에 미사용 공간이 있다면 에어비앤비 (AirBnb)에 객실등록을 해서 패시브 인컴을 추가적으로 창출할 수 있다. 에어비앤비에 가입하는 데 드는 시간은 단 몇 분이다. 미사용 공간을 얼마에 임대할지, 이에 대한 결정권은 온전히 자신에게 있다.

　에어비앤비는 191개국, 거의 9만개의 도시에서 서비스를 제공하고 있다. 아마 자신이 살고 있는 지역에서도 이용 가능할 것이다. 하지만 유념해야 할 것은, 에어비앤비 온라인 시장에서 자신이 진행하는 거래로부터 업체 측이 수수료를 가져간다는 것이다. 거래를 처리하는 비용을 부담하기 위해 3%의 수수료를 청구한다.

기준별 평가

A. 단순성

에어비앤비 임대는 아주 간단하다. 사이트에 미사용 공간을 등록한 후 누군가가 그 공간을 빌릴 때까지 기다리면 된다. ★★★★★★★★★☆

B. 수동성

미사용 공간으로 자신이 버는 수입의 대부분은 패시브 인컴이다.

★★★★★★★★☆☆

C. 확장성

수익을 증가시키려면 임대할 수 있는 더 많은 공간이나 건물을 찾아내면 된다.

★★★★★☆☆☆☆☆

D. 경쟁력

관광객을 포함한 외부인이 많은 도심 지역에 살고 있다면 매우 경쟁적인 일이 될 수 있다. ★★★☆☆☆☆☆☆☆

성공을 위한 조언

1. 공간을 마련해서 가능한 쾌적하게 만들어라.

2. 가능한 많은 편의시설을 제공하라.

3. 에어비앤비에 공간을 등록할 때 고품질 사진을 올려라.

4. 게스트에게 이용후기나 의견을 남기도록 요청하라.

5. 게스트가 개별화된 경험을 할 수 있게 그들과 대화하고 상호작용하라.

6. 합리적인 가격을 제시하라. 적정 가격 이상이어서도 이하여서도 안 된다.

7. 질문이나 의견에 신속히 응대하라.

8. 자신의 공간을 가능한 상세하게 묘사하고 설명하라.

9. 공간을 등록할 때 정직해야 한다. 있지도 않은 와이파이(Wi-Fi) 사용 이 가능하다고 설명 란에 기재하면 안 된다.

10. 게스트의 안전을 보장하라. 게스트가 자신의 공간에 머무는 동안 안 전할 것이며 소지품이 도난당하거나 할 우려가 없다는 걸 확신할 수 있다면 임대료를 더 높게 책정할 수 있다.

자주 묻는 질문과 답

1. 자신의 수익에서 에어비앤비가 얼마를 가져갈까?

거래 당 3%의 수수료를 취한다.

2. 에어비앤비의 결제는 어떻게 이루어질까?

결제방식은 다양하다. 신용카드나 페이팔, 알리페이 등 온라인 결제 시스템을 통해 결제 가능하다.

3. 에어비앤비로 얼마나 벌 수 있을까?

아파트로 월 400만 원의 수익이 발생할 경우, 에어비앤비 수수료, 공과금 및 기타 비용을 공제한 순수익은 보통 그 절반 정도 된다.

4. 에어비앤비에 공간 등록하는 데 비용이 얼마나 들까?

공간 등록은 무료이다. 누군가 자신의 공간을 예약하는 경우에만 수수료가 부과된다.

5. 게스트에게 보증금을 요구해야 할까?

대부분의 집주인이 보증금을 요구하지만 필수 사항은 아니다.

6. 게스트가 예약을 취소할 경우 어떻게 대응해야 할까?

임대할 공간에 대한 취소 규정을 미리 마련해야 한다.

7. 여러 개의 공간을 등록할 경우 각각 다른 임대 규정을 적용해도 될까?

그렇다. 에어비앤비 등록 정책 및 규정을 준수하는 한 가능하다.

8. 청소비는 무엇인가?

기물 파손, 가구 손상, 열쇠 미반납 등 공간에 머무는 동안 발생할 수 있는 여러 불상사로 인한 비용을 부담하기 위해 집주인이 청구하는 요금이다.

9. 스스로 임차인이면서 에어비앤비에 공간을 임대할 수 있을까?

가능하긴 하지만 집주인에게 먼저 허가를 받아야 한다.

10. 에어비앤비 임대인이 책임질 부분은 무엇인가?

에어비앤비에 등록한, 약속된 서비스를 거짓 없이 제공하는 것이 임대인의 책임이다.

에어비앤비 미사용 공간 임대에 관한 속설 파헤치기

1. 일단 공간을 등록해 놓으면, 게스트가 찾아들기 시작할 것이다.

항상 그런 것은 아니다. 고품질 사진을 사용하고, 좋은 이용후기를 받도록 노력하고, 경쟁력 있는 요금을 제시하고, 등록해놓은 공간을 홍보하는 등 자신의 임대공간을 최적화하기 위해 할 일이 많다.

2. 에어비앤비에 공간을 등록하는 것은 비용이 많이 든다.

공간 등록은 무료다. 공간이 예약될 경우에만 수수료가 부과된다.

3. 미사용 공간을 에어비앤비에 등록하지 않고 직접 광고하면 더 많은 수익을 창출할 수 있다.

광고와 임차인을 찾아줄 중개인 고용을 스스로 도맡아 하는 경우 비용이 더 많이 들 것이다.

4. 에어비앤비를 이용하여 낯선 사람과 거래하는 것은 안전하지 않다.

아니다. 에어비앤비 결제는 안전한 결제 시스템을 통해 이루어진다.

5. 에어비앤비 임대공간을 운영하는 비용이 수고로 벌어들이는 수입보다 더 크다.

그렇지 않다. 에어비앤비는 결제 처리 비용을 부담하기 위해 3%의 수수료를 호스트에게 청구할 뿐이다.

6. 에어비앤비 이용 시 자신이 알지 못하는 드러나지 않은 요금이 존재한다.

대부분의 경우 게스트는 예약을 확정하기 전 서비스 요금 및 세금을 포함한 모든 비용에 대한 정보를 인지하게 된다.

7. 에어비앤비는 자신의 개인정보를 다른 업체에 팔아넘긴다.

에어비앤비는 고객 서비스 개선, 이용 경험 맞춤화, 결제 처리 등을 위해 개인 정보를 수집할 것이다. 하지만 자신의 동의 없이 개인정보를 다른 업체에 팔아넘길 가능성은 거의 없다.

8. **에어비앤비에 다수의 임대 공간을 등록할 수 없다.**

집에 있는 미사용 공간을 여러 개 등록하길 원한다면 임대 가능한 공간을 개별적으로 등록해도 된다. 각 공간의 임대 가능 날짜와 이용 가능한 침대 및 편의 시설 개수가 고유의 페이지에 정확히 기재되어야 한다.

9. **임차한 아파트를 다시 임대하는 것은 불법이다.**

이에 대한 적법성 여부는 자신이 집주인과 맺은 계약 내용에 따라 달라진다.

10. **에어비앤비 서비스 요금은 환불 불가다.**

에어비앤비 웹 사이트상의 정보에 따르면, 예약 후 48시간 내 취소한다면 연 3회까지 서비스 요금 환불이 가능하다.

29

고가의 장비 구입 및 대여

많은 사람들이 건설 장비나 결혼식을 위한 고급 승용차처럼 한두 번밖에 사용하지 않을 값비싼 장비를 필요로 할 때가 종종 있다. 과연 그러한 장비를 구입해야 하는지 종종 의문이 들 때가 있다. 이런 경우 구입보다는 대여하는 것이 나을 수도 있는데 바로 이 때 장비 대여 사업이 의미를 띠게 된다. 비즈니스 모델은 단순하다. 고가의 장비를 구입하여 사용료를 받고 빌려주는 것이다. 오프라인과 온라인, 어디에서든 할 수 있다.

장비 대여 비즈니스의 가장 큰 걸림돌은 창업자금이 많이 든다는 것이다. 단 하나의 장비 값이 수백만 원에 달할 수 있다. 그러한 값비싼 장비를 수십 개 혹은 그 이상 구입한다고 생각해봐라. 또한, 고가 장비 구입을 위해 사용한 막대한 창업자금을 회수하는 데도 상당한 시간이 걸릴 것이다. 그러므로 장비 대여 비즈니스에 종사하고 싶다면 장기간 운영할 생각으로 준비를 해야 한다.

기준별 평가

A. 단순성

비즈니스 모델은 단순하지만 그것을 운영하는 것은 힘들고 시간 소모가 많을 수 있다. 모든 비즈니스 창업에 수반되는 형식적 절차뿐만 아니라, 대여 사업은 추가적인 보험 책임까지 져야한다. 사업 전체가 자신의 장비를 다루는 비고용인에 의존하기 때문이다.

★★★★★★☆☆☆☆

B. 수동성

비즈니스를 개시한 후, 첫 몇 달 혹은 몇 년 간은 장비 구입비용을 회수해야 할 것이다. 이것이 완료되고 나면 자신의 수입은 패시브 인컴이 된다.

★★★★★★★☆☆☆

C. 확장성

비즈니스를 확장하려면 대여할 수 있는 더 많은 장비를 구입해야 한다.

★★★★★★☆☆☆☆

D. 경쟁력

이 부분은 상당히 지역 의존적이다. 경쟁할만한 장비 대여 비즈니스가 거의 없거나 전무한 지역에서 비즈니스를 운영한다면 잘 될 것이다. 그렇지 않은 경우라면 힘든 싸움이 될 것이다. 틈새시장을 좁혀, 즉 증명된 수요가 있는 특정하고 대중적이지 않은 장비에 주력하여 경쟁을 최소화하는 방법도 있다.

★★★★★☆☆☆☆☆

성공을 위한 조언

1. 시장조사를 하라. 창업하기 전 자신의 고객들이 무엇을 원하고 있는지 확실히 알아야 한다. 어떤 종류의 장비를 그들이 찾고 있는가? 저렴한 장비인가 아니면 최첨단 고성능 장비인가? 대여 외에 다른 부가 서비스도 원하는가?

2. 무조건 많이 사는 게 아니라, 효율적으로 사라. 무슨 수를 써서라도 유휴 재고만은 피해야 한다. 자신의 비즈니스를 성장시키는 데 유용하게 사용할 수도 있을 공간과 자금만 낭비할 뿐이다.

3. 장비 구입 시 가장 좋은 거래 조건을 찾아라. 중고 장비는 어떤가?

4. 서류 작업을 순서대로 진행하라. 적절한 보험에 가입했는지 반드시 확인하라.

5. 온라인에도 영역 표시를 하라. 온라인상에서 존재감을 발휘하는 것이 매우 중요하다.

6. 협력관계를 맺어라. 어떤 다른 장비나 서비스를 자신의 고객이 찾고 있는가? 이러한 서비스를 제공하는 업체에 연락해서 필요한 경우 서로의 업체를 추천해주는 제휴 관계에 관심이 있는지 물어봐라.

7. 회계 소프트웨어 등 비즈니스를 위한 알맞은 도구를 찾아라.

8. 장비를 제대로 다뤄라. 고객보다 앞서 잠재적 문제점을 파악해서 고쳐라.

9. 고객 대우를 잘 하라. 대여 과정에서 번거로운 일이 생기지 않게 신경
써야 한다.

10. 물샐틈없이 꼼꼼한 계약서를 작성하라. 자신과 고객의 합의 사항이
서로 같다는 걸 반드시 확인해야 한다.

자주 묻는 질문과 답

1. 장비 대여 비즈니스는 어떻게 시작할까?

우선 어떤 종류의 장비를 대여할 것인지 결정해야 한다. 사업 계획을 수립
하여 적절한 관련기관에 등록하면 된다.

2. 자금은 얼마나 필요할까?

대여하고자 하는 장비에 따라 다르다. 적게는 천만 원에서 많게는 1억 원
까지 필요할 수 있다.

3. 장비 대여료는 어느 정도 청구해야 할까?

장비에 따라, 그리고 대여 기간에 따라 달라진다.

4. 고객이 장비를 반납하지 않는 경우 어떻게 해야 할까?

반납연체 및 미반납에 대한 정책과 규정을 마련하고 벌금제를 도입해야 한다.

5. 비즈니스를 어떻게 홍보할까?

지역 비즈니스이므로 지역 신문이나 라디오에 광고를 내라. 또한 온라인, 특히 SNS에서의 홍보에 노력을 기울여야 한다.

6. 세금 문제는 어떨까?

정식 등록된 사업체이기 때문에 세금을 납부해야 한다.

7. 비즈니스 파트너가 필요할까?

장비 대여 비즈니스 창업은 자금이 많이 들 수 있다. 필요 자금 조달을 도와줄 파트너를 구해보는 걸 고려해봐야 한다.

8. 보험은 어떻게 해야 할까?

사고에 대비한 완충장치로 모든 사업 장비를 보험에 들어놓는 것이 중요하다.

9. 고객이 손상시킨 장비는 어떻게 처리할까?

손상된 장비를 처리하기 위한 정책 및 규정을 마련하고 벌금제를 도입해야 한다.

장비 대여에 관한 속설 파헤치기

1. 장비 대여 비즈니스는 쉽게 시작할 수 있다.

이는 사업 운영에 필요한 전문성이 어느 정도 수준이냐에 달려있다.

완전한 초보라면, 먼저, 제대로 된 사전 조사를 수행하여 적절한 틈새분야를 선택해야 한다.

2. **장비를 위하여 보험에 가입할 필요는 없다.**

아니다. 잠재적인 막대한 손실을 막기 위하여 보험 가입은 절대적으로 필요한 절차다.

3. **장비 대여 사업은 지역 고객만을 대상으로 한다.**

이는 대여할 장비의 종류에 따라 달라진다. 가볍고 이동이 용이한 장비라면 더 큰 시장에 대여할 수 있지만 크고 육중한 장비라면 불가능할 수도 있다.

4. **대여 사업으로 이윤이 나기까지 몇 년이 걸릴 것이다.**

손익분기점은 여러 가지 요인에 따라 달라진다. 이를 테면, 장비 구입에 얼마를 투자했는지, 대여료는 얼마로 책정하는지, 보험 가입과 장비 유지보수에 어느 정도 비용이 드는지 등이 영향을 미친다. 수지균형을 제대로 맞춘다면 손익분기점이 훨씬 앞당겨질 것이다.

5. **온라인상의 비즈니스 홍보는 시간 낭비다.**

자신의 고객 상당수가 SNS 계정을 소유하고 있고 그곳에서 얼마간의 시간을 보낼 가능성이 있다. 그러한 고객들 눈앞에서 사업 홍보를 할 수 있다면 경쟁에서 우위를 점하게 될 것이다.

6. 대여 비즈니스는 큰 자금을 들여 시작할 가치가 별로 없다.

이는 해당 업계에 진출하기 전 시장조사를 얼마나 제대로 수행했느냐에 달려 있다. 자신이 구입하려는 장비에 대한 수요가 많은가? 이상적인 고객이 기꺼이 지불할 만한 대여료는 어느 정도 수준인지 결정하기 위해 설문조사를 실시해봤는가? 장기적 관점에서 그 정도 대여료라면 충분히 수익성이 있는가?

7. 비용을 회수하기도 전에 장비가 고장날 것이다.

이 부분은 적절한 정기정비를 통해 예방할 수 있다.

8. 장기임대만 취급할 수 있다.

반대로 대여 기간이 매우 탄력적일 수도 있다. 상황에 맞게 조건을 정하라.

9. 위험성이 너무 크다.

제대로 된 지식을 갖추고 있다면 내재한 위험은 관리될 수 있다. 고객이 무엇을 원하는지, 수요가 있는 장비에는 어떤 것들이 있는지, 어디서 사업을 운영할지, 장비 보험을 적절하게 가입하는 방법 등을 파악해야 한다.

10. 장비 대여 시장은 포화상태여서 너무 경쟁적이다.

올바른 위치 선정, 제대로 된 고객 연구, 적절한 틈새분야 선택이 선행되어 있다면 불필요한 경쟁을 피할 수 있다.

CHAPTER

네트워크 마케팅
수입

30   네트워크 마케팅

30

네트워크 마케팅

네트워크 마케팅은 가끔씩 해당 업계에 종사하는 사람들의 비윤리적이고 파렴치한 관행 때문에 많은 비난을 받곤 한다. 하지만, 네트워크 마케팅 그 자체는 고품질의 제품 및 서비스를 취급하며, 올바르게 행해진다면 좋은 비즈니스 기회라는 걸 알아야 한다. 네트워크 마케팅에 성공하려면 자신의 시간과 노력을 투자할 기업을 영리하게 선택해야 한다. 고급차와 즉각적인 부를 약속한다고 판단력이 흐려져선 안 된다. 또한 함정에 빠지지 않도록 비윤리적 네트워크 마케터들의 전략에 노련하게 대처해야 한다.

네트워크 마케팅에는 업체들이 사용하는 비즈니스 모델이 여러 개 있다. 하지만 결국 한두 개의 시스템으로 압축된다. 첫째, 자신의 네트워크를 확장시켜야 한다. 둘째, 네트워크를 통해 제품을 판매할 수 있어야 한다. 이 두 가지를 잘 해낼 수 있다면 네트워크 마케팅은 자신에게 완벽한 기회다. 네트워크 마케팅 업체들이 사용하는 비즈니스 모델은 다양하다는 걸 다시 한 번 상기시키겠다. 가입을 생각해보기 전 염두에 둔 업체의 비즈니스 모델을 읽어보고 제대로 파악하는 것이 중요하다. 그리고 추천이나 하위라인(자신의 하위에 있으며 자신이 후원하는 사람), 상위라인(자신의 상위에서 자신을 후원하는 사람) 같은 네트워크 마케팅의 다양한 개념을 이해해야 한다. 또한 업체의 사업계획서를 읽고 그들의 비즈니스 모델에서 이러한 용어를 어떻게 정의하는지 파악하고 있어야 한다. 한 업체에서 사용되는 추천이란 용어가 또 다른 업체에선 조금 다른 의미를 지닐 수도 있다.

〈연간 매출을 기준으로 한 상위 네트워크 마케팅 업체〉

순위	회 사	2018년 매출액	2017년 매출액(순위)
1	암웨이	88억 달러	86억 달러 (1)
2	에이본 프로덕츠	55억 7,000만 달러	57억 달러 (2)
3	허벌라이프	49억 달러	44억 달러 (3)
4	인피니투스(Infinitus)	45억 달러	39억 2,000만 달러 (5)
5	보르버크(Vorwerk)	43억 달러	41억 9,000만 달러 (4)
6	내츄라(Natura)	36억 7,000만 달러	30억 9,000만 달러 (7)
7	뉴스킨	26억 8,000만 달러	22억 8,000만 달러 (9)
8	웅진코웨이	25억 달러	20억 5,000만 달러 (11)
9	타파웨어	20억 달러	22억 6,000만 달러 (10)
10	영리빙	19억 달러	15억 2,000만 달러 (15)
11	오리플레임	15억 5,000만 달러	15억 3,700만 달러 (13)
12	로단 앤 필즈	15억 달러	15억 달러 (16)
13	주네스	14억 6,000만 달러	13억 달러 (18)
14	앰빗 에너지	13억 달러	11억 5,000만 달러 (20)
15	디엑스엔(DXN)	12억 5,000만 달러	11억 달러 (22)
16	폴라	12억 4,000만 달러	12억 2,000만 달러 (19)
17	오 보티카리오(O Boticario)	12억 3,000만 달러	–
18	유사나헬스사이언스	11억 9,000만 달러	10억 5,000만 달러 (23)

순위	회 사	2018년 매출액	2017년 매출액(순위)
19	벨콥	11억 6,000만 달러	11억 4,000만 달러 (21)
20	애터미	11억 5,000만 달러	–
21	텔레콤 플러스	10억 9,000만 달러	9억 7,900만 달러 (25)
22	얀발 인터내셔널	9억 9,400만 달러	9억 7,100만 달러 (26)
23	마켓 아메리카	8억 3,700만 달러	8억 2,000만 달러 (28)
24	피엠인터내셔널	8억 3,400만 달러	6억 3,200만 달러 (36)
25	스트림	8억 달러	7억 3,700만 달러 (31)
26	팀 내셔널	7억 3,450만 달러	7억 1,900만 달러 (33)
27	아모레퍼시픽	6억 달러	6억 8,100만 달러 (35)
28	아르본 인터내셔널	5억 4,400만 달러	5억 5,300만 달러 (40)
29	히노데(Hinode)	5억 2,800만 달러	–
30	플렉서스	5억 2,700만 달러	5억 6,200만 달러 (39)
31	옵타비아/메디패스트(OPTAVIA/Medifast)	5억 100만 달러	2억 5,700만 달러 (56)
32	미키	4억 9,800만 달러	5억 3,500만 달러 (41)
33	페이버릭	4억 6,300만 달러	5억 6,300만 달러 (38)
34	센츠시	4억 4,900만 달러	4억 6,800만 달러 (44)
35	모낫 글로벌	4억 3,500만 달러	3억 1,400만 달러 (52)
36	유니크	4억 2,700만 달러	–
37	포데이즈	3억 8,500만 달러	3억 8,300만 달러 (48)
38	월드벤처스	3억 7,700만 달러	–
39	코스웨이	3억 6,800만 달러	1억 7,790만 달러 (79)
40	네이처스 선샤인	3억 6,500만 달러	3억 4,200만 달러 (49)

[출처 : 다이렉트 셀링 뉴스(DSN)]

이 목록이 끝이 아니다. 수십억 원의 연매출을 기록하는 네트워크 마케팅 업체가 수십 개는 더 된다. 당연히 네트워크 마케팅으로 돈을 벌 수 있다. 이 회사들이 매년 벌어들이는 순매출액은 그저 놀라울 뿐이다. 분명 관심이 가는 많은 선택지가 있다. 그러므로 이들 중 하나를 선택하기 전 시간을 들여 조사하고 여러 선택지를 저울질해 봐야 한다. 일반적으로 관심 있어 하고 스스로 사용하고 있는 제품의 업체를 선택하는 것이 좋다. 그래야 판매하기도 더 쉽고 주변 사람들에게 구매를 권유하기도 더 편할 것이다.

기준별 평가

A. 단순성

네트워크 마케팅 업체들이 사용하는 비즈니스 모델은 단순해보일 수도 있지만 일단 운영을 시작하면 실제론 복잡하다. 수당 체계에 대해 배워야 한다. 사업에 투입되는 돈보다 거두어들이는 돈이 더 많다면 이를 계산하는 방법을 알아야 한다. ★★★★★★★☆☆☆

B. 수동성

네트워크 마케팅의 좋은 점은 네트워크를 확장시켜나갈수록 자신이 버는 수입이 점점 더 수동성을 띠게 된다는 것이다. 네트워크 내에 사람이 많을수록 더 많은 패시브 인컴이 자신의 은행 계좌로 들어올 것이다.

★★★★★★★☆☆☆

C. 확장성

또 다른 업체에 가입하여 이전 업체에서의 성공방식을 적용하면 확실히 네트워크 마케팅 수입의 규모를 빠르게 키울 수 있다. ★★★★★★★☆☆☆

D. 경쟁력

네트워크 마케팅 업계의 경쟁은 정말 치열하다. 인내하는 법을 배워야 한다.

자신과 같은 제품이나 기회를 제공하는 마케터들이 수없이 많다는 걸 유념하라. 그러므로 접근방법에 있어 창의적이고 영리해야 한다. "다른 마케터들과 자신을 어떻게 차별화할 것인가?" 이 질문이 매우 중요하다.

★★☆☆☆☆☆☆☆☆

성공을 위한 조언

1. 진실하고 윤리적이어야 한다. 현재 네트워크 마케팅 업계에 부정적인 면이 너무 많다. 그래서 많은 사람들이 이 일에 종사하는 걸 경계한다. 그러므로 비즈니스를 정직하게 운영하여 사람들이 네트워크 마케팅의 긍정적인 면을 인지할 수 있게 힘써야 한다.

2. 거짓말하지 마라. 서로 신뢰하는 네트워크 구축이 이 비즈니스의 핵심이라는 사실을 고려한다면 이는 매우 중요한 부분이다. 월수입이 50만 원 밖에 안 되는데 열 배인 500만 원을 벌고 있다고 누군가에게 말하지 마라. 사실이 아님에도 불구하고 사람들에게 네트워크 마케팅 수입으로 고급 자동차를 구입했다고 말하지 마라. 항상 진실하고 윤리적이야 한다.

3. SNS의 힘을 활용하라. 페이스북, 트위터, 인스타그램, 블로그 같은 SNS 사이트는 자신의 비즈니스를 홍보할 훌륭한 플랫폼이다. 이러한 사이트들은 십억 이상의 이용자를 보유하고 있다. 이용료도 무료이므로 이들을 활용하지 않을 이유가 전혀 없다.

4. 자신 자신이 아닌 자신의 네트워크가 비즈니스의 중심이 되어야 한다. 사람들과 관계를 형성한 후 자신의 네트워크의 일원이 되어달라고 설득하는 일이 이 비즈니스의 핵심이다. 그런데 오직 자신에 대한 이야기만 한다면 이는 성공하기 매우 어려운 일이다. 사람들에게 그들 자신이, 그리고 그들과 그들이 사랑하는 사람들을 위해 더 나은 삶을 만들어내는 것이 이 비즈니스의 핵심이자 목표라는 것을 보여줘야 한다.

5. 자신이 실제로 좋아하는 제품의 업체를 찾아라. 전혀 관심이 없는 무언가를 팔 때보다 좋아하는 무언가를 팔 때 일이 훨씬 더 쉬워진다는 것을 이해하고 있어야 한다.

6. 지나치게 공격적인 마케팅 전략은 쓰지 마라. 지나친 공격성과 강요는 네트워크 마케팅이 비판자들로부터 맹비난을 받고 있는 가장 큰 이유 중 하나다. 판매권유를 시작하기 전에 이 비즈니스와 제품에 대해 사람들에게 시간을 들여 설명하라. 또한 뭔가 절박하다는 인상을 주지 마라.

7. 표적시장과 그 시장의 출처를 파악하라. 자신이 주로 온라인에서 마케팅을 하거나 회원을 모집한다면 이는 매우 중요한 부분이다. 어떤 유형의 사람들이 자신의 비즈니스에 참여할 가능성이 있는지, 그리고 온라인상에서 그들이 모여 있는 곳이 보통 어디인지 알고 있어야 한다.

8. 블로그나 웹 사이트를 개설하라. 이는 온라인 네트워크 마케터들에겐 필수적인 전략이다. 자신만의 웹 사이트나 블로그를 개설하는 것

은 자신의 비즈니스에 매우 놀라운 효과를 발휘할 수 있다. 그를 이용해 검색엔진을 통한 유입량을 늘리고, 유입된 방문자를 유료 고객으로 전환하도록 유도할 수 있다. 또한 자신만의 브랜드를 구축하는 데 이용할 수도 있다. 구축된 브랜드가 있다면 사람들은 나 자신과 나의 비즈니스가 제공하는 것을 좀 더 기꺼이 신뢰하려 할 것이다.

9. 항상 네트워크 내 사람들과 연락을 유지하고, 할 수 있는 한 그들을 도와라. 이는 자신이 네트워크의 상부에 있는 사람 중 하나라면 특히 매우 중요하다. 항상 기억하라. 네트워크 마케팅에서 조직의 성공은 나 자신의 성공이기도 하다는 것을.

10. 인내심을 가져라. 인내심이 없다면 네트워크 마케팅으로 인해 쉽게 극도의 피로감을 느낄 것이다. 이것은 과장이 아니다. 금세 부자가 되겠다는 생각으로 이 비즈니스에 뛰어들면 안 된다. 다른 모든 비즈니스와 마찬가지로, 네트워크 마케팅에서 성공을 거두려면 노력은 물론이고 많은 인내가 필요하다.

자주 묻는 질문과 답

1. 네트워크 마케팅은 피라미드 방식이 아닐까?

정직하게 말하자면, 네트워크 마케팅이라고 자칭하는 일부 업체들은 사실상 피라미드 방식으로 운영되고 있다. 그렇다고 해서 낙담할 필요는 없다. 수십 개의 제대로 된 네트워크 마케팅 업체가 있으니 말이다. 그러므로 가입하기 전에 항상 해당 업체에 대해 철저하게 조사해볼 것을 권장한다.

2. 네트워크 마케팅으로 돈을 벌려면 많은 사람을 알고 있어야 할까?

그렇지 않다. 물론 지인이 많다면 도움은 된다. 하지만 자신이 버는 수입의 대부분은 개인적으로 알지 못하는 사람들로부터 창출된다. 네트워크 마케팅에서는 얼마나 많은 사람을 알고 있느냐가 아니라 사람들로 하여금 자신의 비즈니스 네트워크를 이해하고 참여하게 만드는 데 얼마나 능숙하냐가 성공의 관건이다.

3. 네트워크 마케팅은 안정적이고 지속가능한 비즈니스 기회일까?

엄밀히 말하자면, 그렇다. 제품 및 서비스가 좋다면 언제나 그에 대한 시장의 수요가 있기 마련이다. 그러므로 항상 평판이 좋고 수요가 있는 제품군을 취급하는 네트워크 마케팅 업체와 함께 일하는 것이 좋다.

4. 네트워크 마케팅을 시작하는 데 어느 정도 비용이 들까?

이는 자신이 가입하는 네트워크 마케팅 업체에 따라 달라진다. 회원권은 5만 원, 10만 원 또는 1,000만 원이 될 수 있다.

5. 네트워크 마케팅은 지나가는 유행일 뿐일까?

네트워크 마케팅은 한 세기 이상 존재해왔다. 언젠가 사라질 유행이라고 믿을 이유가 전혀 없다. 최소한 가까운 미래에는 확실히 그럴 일이 없다.

6. 네트워크 마케팅에 참여하려면 교육을 받아야할까?

시작하기 전 제대로 된 교육을 받는 것은 항상 의미 있다. 하지만 필수 사항은 아니다. 대부분의 경우, 비즈니스의 성격이나 비즈니스 모델, 취급 제품 및 서비스, 수익을 창출하기 위해 수행해야 할 업무에 대해 자신에게 숙지시켜주는 오리엔테이션 정도만 요구된다.

7. 네트워크 마케팅으로 얼마나 벌 수 있을까?

수입은 한 달에 몇십만 원이 될 수도 있고, 한 주에 몇백만 원이 될 수도 있다. 여기서 중요한 핵심이 있다. 자신이 버는 수입은 자신이 가입한 회사의 성격과 사업에 투입하는 노력의 양에 달려 있다는 것이다.

8. 어떤 종류의 제품들이 네트워크 마케팅을 통해 판매될까?

이 업계에서 팔리는 제품이 어떤 종류인지 자신은 이미 알고 있으리라 확신한다. 앞의 표에서 본 바와 같이 몇 가지만 나열하자면, 이 업계에서 가장 흔하게 판매되는 제품에는 영양제, 건강관리 제품, 내구 소비재, 화장품 등이 포함된다.

9. 한 번에 여러 개의 네트워크 업체에 가입할 수 있을까?

물론이다. 자신이 가입한 업체들과의 계약 조건에 어긋나지 않는 한, 원하는 만큼 여러 군데의 업체에 가입하겠다는 자신의 의지를 막을 사람은 아무도 없다.

10. 네트워크 마케팅을 부업으로 할 수 있을까?

그렇다. 이 부분이 네트워크 마케팅의 장점 중 하나다. 시간을 매우 유연하게 사용할 수 있어 자신이 원할 때 일하면 된다. 주중에 본업에 매진하다 주말 동안 네트워크 비즈니스 업무를 수행할 수도 있다.

맺음말

최근 경제 분야에서 논쟁이 된 것이 최저임금제 인상문제이다. 근로기준법에 따라 정해진 시간에 정해진 일을 하면 생계가 보장되던 시절에는 의미가 있었다. 하지만 고도화된 산업구조로 복잡하게 얽힌 현대 사회에서는 정해진 시간만 채운다고 해서 생계가 보장되지 않는다. 또한 성실과 근면한 노동의 입장에서는 도저히 이해하지 못하고 해결하지 못하는 새로운 현상들이 많이 생겨난다.

한국사회에서는 불로소득을 잘못된 것으로 인식하는 사회적 의식이 아직도 남아 있다. 하지만 기존의 근무시간이나 근무형태로는 해석할 수 없는 패시브 인컴이 급속도로 늘어나고 있다. 이러한 새로운 방식과 트랜드를 파악하고 새로운 게임의 룰에 적응한 사람들은 엄청난 부자가 되고 있다. 단순히 자산을 많이 가지는 것에 그치지 않고 시스템에 의해 계속적인 부가가치가 생성되도록 함으로써 상상을 초월하는 부자들이 탄생하고 있는 것이다.

약 10년 전에 비영리 무료채널이었던 유튜브를 구글이 1조 6천억에 인수할 당시, 모두들 의아해 했다. 하지만 지금은 황금알을 낳는 거위가 되었다고 평가받고 있다. 스마트폰이 대중화된 이후 10년 사이에 인류의 삶은 천지개벽할 일들이 곳곳에서 생겨나고 있다. 그만큼 성공의 기회 또한 많아진 것이다.

본문에서 소개한 패시브 인컴의 사례들은 이미 대중화되었거나 익숙한 것도 있고, 아직 생소한 분야도 있다. 그리고 소개되지 않았지만 우리가 익히 알고 있는 패시브 인컴의 사례들도 수두룩하다.

우리가 세상을 보는 관점을 달리하고 열린 시야를 가진다면 패시브 인컴의 새로운 영역은 무궁무진할 것이다. 즉, 인류의 삶에 긍정적인 도움을 주는 방법이라면 모든 것이 패시브 인컴의 영역에 해당한다고 해도 지나친 표현은 아닐 것이다.

성공의 기회는 어느 시대에나 존재해 왔다. 특히나 정보통신의 발달로 인류의 삶이 급격히 재편되고 있는 현대에는 더욱도 많은 곳에 성공의 기회가 널려 있다. 하지만 그 기회를 이용하여 성공의 발판으로 삼을지는 오로지 우리의 선택에 달려 있다. 패시브 인컴의 가치를 깨닫고 구체적인 사례들을 발견하고 적극적으로 실천한다면, 우리의 삶은 더욱 풍요롭고 행복해질 것으로 확신한다. 우리 모두는 그러한 행복한 삶의 주인공이 될 자격이 충분하다.

아직도 시간에 맞춰 일하는가? 이제는 불로소득에 대한 편견을 버리고 우리 주변에서 패시브 인컴의 대상을 찾는 노력을 실행에 옮기자. 내일이면 늦다. 지금 당장 실천하자.

"잠자는 동안 돈이 들어오는 방법을 찾지 못하면 죽을 때까지 일해야 할 것이다"라는 명언을 남긴 투자의 귀재 워런 버핏의 명언은 많은 이들이 공감을 하고 있지만 그 방법을 찾는데는 다양한 경로를 헤메고 있다. 각분야의 전문가 4인이 진솔하게 작성한 패시브 인컴은 바로 이런 잠자는 동안에 들어오는 돈에 대한 이야기이다.

이 중 일부는 미국에서 이미 검증된 내용이며 여기에 소개 하지는 못했지만 네이버TV, 네이버 애드포스트등도 국내의 많은 디지털노마드들이 수익을 내고 있는 영역이다. 블록체인 기반의 소셜미디어 플랫폼인 스팀잇·알지오 등은 입지를 견고히 하며 내가 쓴 글이 돈이 될 수 있다는 것을 입증하고 있다.

최근에는 여행큐레이터·여행 저널리스트들이 크게 각광을 받고 있다. 블로그·카페 등 탄탄한 소셜미디어를 가지고 있으면 전세계의 여행지에 초대를 받아 여행을 다녀 오기도 하며 일의 댓가를 받기도 한다. 이제 여행을 할때는 패시브 인컴을 주목하자. 여행후기를 정성껏 작성하며 사진과 동영상으로 소셜미디어에 흔적을 남겨보자. 어느날 당신은 초대받아 여행을 가는 디지털노마드로 변신을 하게 될 수도 있다.

저자 **양 성 길**